戦争体験と経営者

立石泰則
Yasunori Tateishi

Eurus
Notus
Zephyrus

岩波新書
1728

はじめに

私が企業取材を始めてから今年で約四十年になる。その間に、ソニーやパナソニックなど大手家電メーカーを始めとする大企業の経営トップから中小企業の創業社長まで様々なタイプの経営者に出会い、そしてインタビューや取材等を重ねてきた。さらに、企業の経営幹部まで広げると、その数は一千人を下らないと思う。

みなさん、独自の経営理念と経営手法を駆使して、地位と名声を我が手にされた方ばかりである。中には一時的な成功で終わったり、いかがなものかと感心しない経営手法やビジネスの進め方を強行した方もいらっしゃる。

しかし本書では、そうした面の評価はいったん横に置いて考えたい。そうすると、ある意味で、私が出会った経営者の多くの方々は「自分の時代」を必死に生き抜いてきた人たちと言えるかも知れない。

ただ、いま一度振り返って彼らを評価し直してみると、経営理念も経営手法もまったく異なる、そして様々な個性で彩られた経営者たちであっても、彼らの間には「明確な一線」を引ける何かがあるのではないか、と思えるのである。

ではそれは、いったい何か。

私にとって、それは「戦争体験」の有無である。

そして自ら戦地に赴いた経験があるか、実際に戦場に立ったことがあるか、の有無である。私は思想信条に関係なく、この戦争体験の有無こそが経営者としてだけでなく人間としての生き方、営みに決定的な影響を及ぼしたのではないか、とそれまでの取材を振り返って認識を新たにしているところである。

そのことを最初に感じさせた経営者は、堤清二氏と中内㓛氏の二人である。

戦後、高度経済成長とともに現れた大量消費社会によって、スーパー業界は瞬く間に急成長を遂げた。その過程で、ダイエーを率いる中内氏と西友を率いる堤氏は何かとライバル視され、「西のダイエー、東の西友」と並び称されたものである。残念なことだが、いまではダイエーも西友も両氏の手から離れ、別の資本の元で経営されている。

堤氏と中内氏は、経営観や経営手法が異なるだけでなく生まれ育ちから何もかもが対照的な存在であった。たとえば、堤氏が戦後衆議院議長を務めた有力政治家で、西武グループの創始者でもあった実業家を父親に持つのに対し、中内氏の生家は小さな薬局で、父親はいわゆる「脱サラ」の走りの人であった。

　そして二人の戦争体験の有無でいえば、堤氏は徴兵されず国内に止まり空襲などの「戦時」を経験したものの、中内氏には一兵卒として満州(現・中国東北部)やフィリピンなどの戦地に赴き、死と背中合わせの日々を送ったという違いがある。

　このような戦争体験の違いは、実際の政治や社会の変化に遭遇したとき、二人にどのような異なった態度、対応をとらせたであろうか。いや、経営者としてどのように判断し、行動したであろうか。もちろん、この比較はどちらが優れているといった評価を目的としたものではない。あくまでも戦争体験の有無が与える影響について、ひとつのサンプルとして参考にしていただきたいと考えたものである。

　堤氏と中内氏二人の戦争体験とその比較に触れてから、本書のテーマである「戦争体験と経営者」を書き進めたいと思う。

目　次

写真提供
一頁右＝小榑雅章
四九・五八頁＝株式会社ケーズホールディングス
その他＝朝日新聞社

第一章　戦地に赴くということ

堤清二

中内㓛

堤清二

「大正デモクラシー」と呼ばれる、政治的な自由や国民主権を求める民主主義的な風潮が国民の間で広まった時代があった。それは二十年にも満たない短い期間ではあったが、日本の政治や社会、文化など多方面で展開され、いわば明治憲法を頂点とする体制に対し、個人の基本的人権の獲得を目指したものであった。

たとえば、普通選挙制度の実現を求める普選運動や言論・結社・集会の自由を求める大衆運動、労働組合運動・農民組合運動、さらには全国水平社の結成による部落解放運動、婦人参政権運動などが挙げられる。そうした運動の活発化は、本来の目的である政治的な自由から社会的な自由の獲得へと拡大させていったのだった。

他方、世界的にみれば、一九一七(大正六)年十月に労働者や兵士らの武装蜂起によるロシア革命が起き、社会主義という新しい政治体制が生まれつつあった。古い体制に反対する新しい勢力の出現と、それにともなう変化を求める動きは、もはや世界の趨勢であった。

大正時代は、わずか十五年で終わる。大正十五(一九二六)年十二月二十五日に天皇が逝去し、元号は昭和に改められる。そして昭和元（一九二六）年が一週間もしないうちに時代は昭和二年を迎えるのである。

大正デモクラシーの自由な雰囲気が社会に残っていた昭和二（一九二七）年、堤清二は三月三十日に父・康次郎と母・操の次男として東京で生まれた。その二週間前には、時の蔵相が帝国議会（現在の国会）で「東京渡辺銀行が破綻」と失言し、昭和金融恐慌の引き金を引いたところだった。各地では銀行に対し取り付け騒ぎが起こり、社会には先行きに対し不安感が漂い始めていた。

堤清二の父・康次郎は一代で西武グループ（のちに、鉄道グループと流通グループに分裂）を一大企業グループに成長させた実業家で、かつ衆議院議長まで務めた保守派の大物政治家でもあった。母・操は「大伴道子」の名を持つアララギ派の歌人である。ただし、清二が生まれたとき、十九歳の母はまだ正妻ではなく「青山操」を名乗っていた。

堤康次郎には、社会通念上、七人の実子がいる。

長男の清、次男の清二、三男の義明、四男の康弘、五男の猶二、長女の淑子、次女の邦子である。しかし戸籍上の長男は清二で、長女は邦子である。理由は不明だが、長男の清は養子で届けられている。なお、長じてから清は父・康次郎に反逆したため、廃嫡されている。

七人の実子のうち、最初の妻との間にもうけた淑子と三番目の妻・操が生んだ清二と邦子の三人が正妻の子供である。義明と康弘、猶二の三兄弟は石塚恒子という女性との間の子供である。二番目の妻・文には、子供はいない。

堤康次郎は花柳界はもとよりお手伝い、女子社員、部下の妻、乗っ取った企業の経営者の娘など手当たり次第に手を付けるほど好色家だったと言われる。そのため、七人の実子以外にも認知されていない康次郎の子供がもっといるはずだがと指摘する声は少なくないが、詳細は分からない。

このような複雑な家庭環境の下で、堤清二は育ったのである。

幼少の頃から病弱で、母・操も胸を病んで床に伏せがちであったことから、清二が六歳の時に養生を兼ねて都心から離れた三鷹に移り住む。その地で、母と妹との三人の暮らしが始まるのである。

そして清二は、父・康次郎が創設した「私立国立学園」(小学校)に通う。

この地域は国分寺と立川の中間にあるところから「国立」と命名され、康次郎によって「国立学園都市」として開発が進められたところである。その後、康次郎は一橋大学の誘致に成功する。

国立学園時代の堤清二は、母親の姓「青山」を名乗っていた。小学三年生のとき、リンパ腺腫瘍で手術し一年ほど入院したものの、それ以降は身体は丈夫になり、健康な学園生活を送ったという。

卒業後、清二は井の頭線久我山駅近くの府立十中(旧制、現・都立西高校)に入学する。それと相前後して渋谷の代官山に引っ越しすることになったため、三鷹での生活は終わる。そして清二の苗字も「堤」姓に代わる。三年生に進級したころ、清二たちは広尾の堤邸に転居することになった。

父・康次郎の出現

堤邸での生活は、それまでの親子三人の暮らしと一変する。清二にすれば、母子家庭のような暮らしに、突如として「父親」を名乗る暴君が現れたようなものである。父親が毎朝出かける時には、清二たち家族だけでなくお手伝いから住み込みの書生まで全員が正座して見送るのである。父親の帰宅の際も、同じような出迎えが求められた。

多感な時期を迎えていた清二にとって、父・康次郎の出現は厳しい上下関係を教えるものであったろう。いや上下関係というよりも、支配する者と支配される者の関係と言ってもいいかも知れない。

理系から文系へ

堤清二は高校進学にあたっては、第一高等学校(旧制、現・東京大学教養学部)を希望するものの受験に失敗し、成城高校理科甲類(旧制)に入学している。堤本人はエンジニア志望だったというが、歌人だった母親の影響で幼い頃から短歌や文学作品に親しみ、中学時代には短歌を詠み出していたほどなのに、どうして文系ではなく理系を選んだのか不思議でならない。

しかし敗戦後、堤清二は成城高校の理系を卒業すると、同じ成城高校の文系に再入学するのだ。その理由を尋ねたことがあるが、彼は「関心が変わったから」と答えるだけで、多くを語ろうとはしなかった。

堤の府立十中時代の同級生で、のちに西武入りする増田通二(パルコの創業者)は、終戦を迎えた当時の自分たちの気持ちを率直に回想する。

「われわれは十八、十九の年齢で終戦を迎えた世代なんです。終戦によって、すぐ目の上のプレッシャーだった先生までも消えてしまったという世界に放り込まれたわけ。それまでは、兵隊に取られたくないから理科系の学校へ行って、数学が嫌いでも数学の勉強をやった。つねに『数学をやらなきゃ、兵隊に取られる』というプレッシャーが、われわれにはあったんです。これが、われわれの世代に一番強いプレッシャーだった。嫌いなものを一生懸命勉強するなんて、なんか損だなと思ったけど、やらないと兵隊に引っ張られちゃうからね。ところが、戦争が終わった。もう、いやいや数学をやらなくてもいい。これは『お前たち、自由だよ』という、ものすごく単純明快なプレゼントなんです」

さらに、増田は言葉を継ぐ。

「じゃあ、これからは好きなことをやろうと。でも、いきなり自由になったものだから、かえって何をしていいのか分からなくなった。何をやったらいいのか分からないけど、何もかもやれそうな気がするし……。そこで『ちょっと待ってくれ。考える時間が欲しい』という気持ちになったわけです。そのとき、僕のクラスは四十名だったけど、僕を含め三十人が『おい、もう落第しようや』と言い合って、一緒に落第したんだ。そんな世代なんだ」

増田の忌憚のない言葉から、終戦直後に堤清二を包んでいた時代の雰囲気がどのようなものだったかが推測できる。多くの学生は徴兵免除がある理系に押しかけ、終戦とともに文系に移っていったのである。そのひとりに堤がいたことは、間違いないであろう。

ちなみに、増田によれば、十中時代の堤清二は同級生が金ボタンの黒の制服姿だったのに対し、ただひとり、洒落た紺のサージに赤線の入っている服を着ている「お坊ちゃん」だったという。

堤の戦争体験

そんな「お坊ちゃん」だった堤清二は、経営者として名をなしたのち、ウェブマガジン『マガジン9』のインタビューで自らの「戦争体験」を、次のように語っている。

《編集部　(略)辻井さんは1927年のお生まれということで、戦争体験がおありですね。

辻井　そうですね。消防士が兵隊にとられていなくなった補充に動員されて、帝都防衛隊というのに編入されていました。

編集部　そのときは、おいくつだったんですか。

辻井　高校生で、17かそこらでした。空襲警報が鳴ると、自宅から青山墓地を抜けて、四谷の消防署へ行くんです。そこが僕の勤務先だった。

そして、なぜか僕は班長だったから、第何班は江東区へ行け、墨田区へ行け、と指示を出すんです。それで3人が死にました。その、僕が「行け」と言ったことでね。

それで、人間って怖いなと思うのは、空襲が終わって、朝になって家に帰るでしょう。途中、死体があちこちに転がってるわけですよ。最初はそれにびっくりする。ところが、3回、4回目となると、もうびっくりしないんです。

編集部　慣れてしまうんですね。

辻井　そうです。同じように、戦場へ行って残虐な行為をしてしまうというのも、慣れてしまって、つまり言い換えれば正常な感覚が麻痺してしまえば十分に起こりえると思った。だから戦争は怖い、戦場へ行っちゃいけないんだと思いましたね》(二〇〇九年四月二十二日)

なお辻井(喬)とは、堤清二が作家を名乗る時のペンネームである。戦場での残虐行為の原因を「正常な感覚が麻痺」に求める堤の分析は、あまりにも単純すぎる気がするが、実際の戦場や戦闘行為を経験していない以上はやむを得ないことなのかも知れない。

中内功

他方、中内功は大正十一(一九二二)年八月二日、父・秀雄と母・リエの四人兄弟の長男として大阪で生まれた。秀雄は大阪薬学専門学校(現・大阪大学薬学部)卒業後、商社・鈴木商店に入社し勤務したのち、小さな薬屋「サカエ薬局」を神戸で開業している。薬局といっても薬品以外の日用雑貨類も販売しており、いまでいうなら小型のドラッグストアといったところであろうか。母・リエは、神社の宮司の娘であった。

中内㓛は、いわば大正デモクラシーの真っ只中で生まれている。

中内が生を授かる五カ月前の三月三日には、京都で全国水平社創立大会が開催され、「人の世に熱あれ、人間に光あれ」で終わる日本最初の人権宣言「水平社宣言」が発表されているし、それから一週間後の三月十日から七月末までの間、東京上野で第一次世界大戦後の平和を祈願する「平和記念東京博覧会」が開催され、一千百万人という入場者数を記録している。国民の間で平和への希求と、人権擁護の風潮の高まりが広まっている証と言っていいだろう。

その反面、イタリアではムッソリーニ率いるファシスト党が勢力を強めていた。十月末には、ムッソリーニはイタリア首相に就任した。それから二カ月後、世界で初めて共産主義を目指す「ソビエト社会主義共和国連邦」が樹立される。世界中が大きな変化の渦に巻き込まれつつあった。

中内㓛は神戸市立入江尋常小学校、兵庫県立第三神戸中学校(旧制、現・長田高校)を経て神戸

高商(旧制、現・兵庫県立大学)を卒業するが、大学受験に失敗する。そのため中内は進学を諦めて、昭和十七(一九四二)年に専門商社の日本綿花(現・双日)に就職し、社会へ飛び出す。

一兵卒として戦地に派遣される

しかし翌昭和十八年一月、二十歳の中内に「赤紙」(召集令状)が届く。

一年余り前には、日本はハワイの真珠湾を奇襲攻撃して英米両国に宣戦布告し、太平洋戦争に踏み出していた。開戦当初は中国や東南アジア、南方の諸島を占領するなど快進撃を続けていた日本軍だったが、昭和十七年六月のミッドウェイ海戦の敗北から戦局は一転し始める。日本軍は、米軍(連合軍)の反攻にあい、次第に不利な状況に追い込まれていったのである。

そうした戦局の悪化の中で、中内の召集はあったのである。

中内は一兵卒として満州(現・中国東北部)とソ連(現・ロシア)の国境沿いの綏芬河《すいふんが》地区に派遣される。この極寒の地で、中内は約一年半、関東軍所属の独立重砲兵第四大隊の初年兵として駐屯している。

そこでの一兵卒としての中内の日々は、昼間は訓練に明け暮れ、夜には訳もなく上官から殴られ、ビンタされる軍隊生活であった。その後、中内は昭和十九年七月にフィリピンに移り、ルソン島リンガエン湾の守備に就かされる。

その頃には、すでに日本軍の敗戦は色濃く、もはや為す術はなかったと言っても過言ではなかった。占領していた島々では米軍の反攻で、たとえばアッツ島では日本軍は全滅させられていた。撤退も捕虜になることも禁じられた日本軍は「死守せよ」という命令のもと、勝ち目のない戦闘を兵士たちは強いられていたのである。この頃から「玉砕」という言葉が使われ始めている。

それにしても、これほどまでに「人間の命」が軽く扱われていいものだろうか。兵士とはいえ、自国の国民の命を守れない、いや守ろうとしない軍隊など必要なものなのであろうか、と疑問に思わざるを得ない。

また、中内がフィリピンに転戦する四カ月前には、兵站(補給)を無視した世紀の愚策と呼ばれるインパール作戦(詳細は後述)が始まっており、日本軍は待ち受けた英国とインドの連合軍の猛攻の前に敗走に次ぐ敗走を強いられている。しかも敗走する兵士たちには十分な補給がなされなかったため、逃げ惑うジャングルの中で飢餓とマラリアなどの病気に苦しめられ、多くの日本兵は戦う前に死亡するか、病気で倒れることになった。そんな彼らの屍が積み重なり、いわゆる「白骨街道」と呼ばれる道が出来たほどだった。

つまり、壊滅的な敗北からインパール作戦が中止に追い込まれた頃に、中内㓛はフィリピンの地を踏まされていたのである。しかし中内が駐屯したルソン島では、日本陸軍の主力部隊はすでにレイテ島に移動していた。というのも、日本軍(大本営)はレイテ島が米軍との死力を尽くした総力戦になると考え、それに備えて海軍を集結させており、それに陸軍も呼応していたからである。

ルソン島での飢餓体験

ルソン島では、米軍が上陸してきたとき、もはや戦える陣容ではなかったのである。そして実際、翌昭和二十年一月にルソン島に米軍が上陸し猛攻が始まると、日本軍はわずか三日で陥落してしまう。その時から中内ら日本軍兵士たちの敗走が始まるのである。

インパール作戦同様、ここでも兵站は十分ではなく、食糧は自分で調達しなければならなかった。「玉砕命令」こそは出なかったものの、中内たち兵士はルソン島の山中を敗走しながらゲリラ戦を戦わなければならなかった。

その敗走中に、中内たちを苦しめたのは強烈な飢餓感であった。

中内は蚤と蠅、蚊以外なら油虫でもミミズでも山ヒルでも食べられるものは何でも口にした。

というのも、ここでは自力で食糧を調達できない傷病兵から死んでいったからである。病気にならないためには、体力を落とさないことが何よりも肝要であった。中内は口に入れるものがない時には靴の紐をしゃぶって空腹に耐えたという。

しかし中内をもっとも苦しめたのは、戦友たちが想像を絶する飢餓感から死んだ傷病兵の人肉を口にする、つまり「人肉食い」の噂だった。体力が弱った兵士は戦友から食べられるかも知れないと思うと、夜もおちおち寝ていられなかった。しかも敵兵に見つからないために点灯を禁じられていたので、夜の暗闇は中内に絶望感をもたらした。

このような過酷な戦争体験から、中内は「頼れるのは自分だけ、自分しか信じられない」と人間不信に陥ったと言われる。

敗走を続けていた六月、中内は敵兵が至近距離から投げた手榴弾に被弾し、重傷を負った。幸いにも衛生兵が中内の傍にいたことから、すぐに止血したことで一命をとりとめることになる。中内は被弾して薄らいでいく意識のなか、裸電球の下で家族六人がすき焼きの鍋を囲んでいる情景が何度も浮かび、あのすき焼きをもう一度食べたいという強い思いから目覚め、「生の世界に呼び戻された」という。

野戦病院送りになるものの、補給(兵站)が絶たれて薬を始め手当に必要なものは揃っておらず、中内は治療らしい治療も受けることなく敗走を続けているうちに、八月十五日の敗戦を迎える。

終戦にともない、フィリピンでも戦闘行為は止み、中内は捕虜になった。それは中内にとって幸運なことでもあった。もはや戦火で命を落とすことはなくなり、強烈な飢餓感に耐えかねた戦友に食べられるのではないかという恐怖からも解放されたのである。しかも中内は有線通信班に所属し、敵兵を殺傷する立場になかったことが幸いしたのであろうか、運良く早期に釈放されたのだった。

昭和二十年十一月、マニラから出航した復員船は、鹿児島の加治木港に着いた。そこから中内は生家のある神戸を目指した。復員した中内に渡された復員手当は六十円、当時は豆腐が五円の時代で、十二丁しか買えない金額であった。「お国のため」と信じて戦地に赴き、地獄のような戦火の中を生き延びて帰っても、わずかな手当では復員後の生活の見通しはまったく立たず、信じた国からは放り出されたも同然であった。それは、国家に対する強い不信感を中内にもたらした。

中内㓛は生家のある神戸に戻り、父親が設立した「サカエ薬局」に身を寄せた。

堤、共産党に入党する

堤清二は再入学した成城高校では、のちの直木賞作家・寺内大吉が主宰する同人誌『金石』に参加して創作活動に励む高校生活を送っている。しかし彼の人生の転機となるのは東京大学経済学部に入学し、同級生の氏家齊一郎(読売新聞経済部記者を経て日本テレビ元会長)から日本共産党に勧誘され、入党したことである。堤は日本共産党東大細胞(支部のこと)に所属したが、一級上には渡邉恒雄(読売新聞政治部記者から読売新聞社長を経て、現在は読売新聞グループ本社主筆)がいた。

十八歳で日本の敗戦を迎えたとき、自らを「ファシスト少年だった」と回想したことがある堤にとって、それまで信じてきた伝統的な価値体系が瞬く間に崩壊したことは、かなり強い衝撃だったろう。ここが、敗戦を「解放」と受け取った同級生の増田通二と決定的に違う点である。

そのことは、異母兄弟が同居する複雑な家庭にした父親、さらに家庭で絶対的な権威として振る舞う父親に対する強い反発とあいまって、堤を急速にマルクス主義に傾斜させていく。マルクスの『共産党宣言』やエンゲルスの『空想より科学へ』を手始めに唯物史観関連の書物を乱読するようになったのである。ありていにいえば、左翼にかぶれたのである。

堤は漠然とした権威に対する不信感や理不尽な社会に対する不満を覚えたものの、たしかな将来の方向性は見えていなかった。そんな堤が大学に入学すると共産党に勧誘されたわけだから、彼が活動に熱中するのも無理はない。

共産党の査問を受け、除名

しかし彼の政治活動は、報われることはなかった。父・康次郎が西武グループを率いる資本家で、しかも保守派の大物政治家だったことからスパイ容疑をかけられるのである。共産党の査問では「自分はスパイではない」と無実を主張したものの、認められず除名処分にあうのだ。

堤清二は信じていた組織に裏切られ、心の拠り所を失う。マルクス主義の思想の正しさを確信しても、それを実現する組織(権威)に対する不信感によって心のバランスを失ったのである。

失意のなか、堤は昭和二十六(一九五一)年三月、東京大学経済学部を卒業する。そして進歩的と言われた文芸誌『新日本文学』編集部に職を得るが、その年の冬に肺結核を患って、以後二年間の闘病生活を余儀なくされる。その闘病生活を支えたのは、あれほど忌み嫌った父親の豊かな経済力であった。

父・康次郎の庇護のもと、堤清二は軽井沢の西武系ホテルの豪華な特別室で最上の看護を受ける。とくに、戦後占領軍(米軍)が持ち込んだ結核の特効薬ストレプトマイシンを投与できたのは、彼の恵まれた療養環境を象徴するものだ。当時、結核は「不治の病」と恐れられたものだが、庶民には手に入りにくい高価なストレプトマイシンを入手できたのも、資産家で大物政治家の父親がいればこそである。

西武百貨店に入店、「セゾングループ」へ

肺結核が完治すると、堤清二は昭和二十八(一九五三)年四月、東京大学文学部(国文学科)に学士入学した。政治活動に幻滅したことで、再び文学の世界に関心が移ったのであろうか。

しかし翌年、清二は衆議院議長だった父・康次郎の議長秘書に就任する。さらに康次郎は清二に「赤字でどうしょうもない。お前、手伝ってみないか」と西武百貨店入りを勧めたのだった。その年の十一月に、清二は西武百貨店に入社する。そして一店員として、書籍売り場に立った。現場から経営を学ぶ、ということなのか。

一年後の昭和三十年、堤清二は二十八歳の若さで西武百貨店取締役店長に就任した。

堤康次郎が創始した西武グループは、土地開発や観光事業の国土計画(のちのコクド)を中核

とする企業グループである。もっと言うなら、土地開発や観光事業はグループ企業の西武鉄道とリンクしながら進められていたので、西武鉄道を中心とした企業グループであるとも言えた。他方、西武百貨店は西武鉄道の子会社で、いわば鉄道事業の付帯事業のひとつ、「オマケ」にすぎなかった。

しかし堤清二は、傍流の西武百貨店をインキュベーター（孵化器）にしてスーパーの西友など流通関係の企業を次々と設立していき、西武グループ内に「流通グループ」というひとつの企業グループを作り上げていく。そして最終的に、西武グループから分離・独立させて「西武流通グループ」を立ちあげるのである。これによって、堤は父親が創始した西武グループとは別に自前の企業グループを持つことになった。

その後、堤清二の事業欲は各方面に及び、流通以外にも観光事業やホテル経営、不動産開発、金融など事業の多角化を加速させるのである。その結果、「生活総合産業」を標榜する「セゾングループ」という一大企業グループにまで成長させるのである。

辻井喬での創作活動

その半面、堤には「詩人」や「作家」という別の顔があった。

西武百貨店の店長になって経営者としての第一歩を踏み出した昭和三十(一九五五)年には、辻井喬のペンネームで処女詩集『不確かな朝』を出版するとともに学士入学した東大文学部を中退して、大岡信や飯島耕一などがメンバーの同人誌『今日』に加わる。以後、会社から自宅に戻った堤は、深夜まで机に向かって詩作にふける日々を送るのである。

そうした創作活動が実ったのだろうか。

昭和三十六年、堤は第二詩集となる『異邦人』で室生犀星詩人賞を受賞し、「詩人経営者」と呼ばれるようになる。さらに昭和四十四年には、自伝風の小説『彷徨の季節の中で』を発表し、小説家としてのデビューも果たす。しかしその内容が異母兄弟に囲まれて育った複雑な堤家の家系を題材としていたこともあって、小説の世界だけでなく各方面にも波紋を広げることになった。

やがて「詩人」「作家」としての活動は、堤に従来の経営者とは異なる、斬新なイメージを与える。たとえば、JRの池袋駅に隣接する西武百貨店池袋店(本店)は「下駄履き百貨店」と揶揄される場末の三流百貨店だったが、コピーライターの糸井重里を起用して作ったキャッチコピー「おいしい生活。」や「不思議、大好き。」などは若者のハートを摑み、「西武文化」と呼ばれる雰囲気を醸し出すことに成功するのだ。それによって、新生・西武百貨店は、それまでの古めかしい百貨店のイメージを一新したのだった。

堤清二は「文化に理解のある」経営者として、一躍マスコミの寵児となる。堤の新しい発想や経営者らしくない文言が、それに拍車をかけることになった。

たとえば、昭和五十八(一九八三)年に、堤清二は三つの開発プロジェクトをスタートさせている。ひとつは念願の銀座進出(有楽町西武)であり、もうひとつは筑波研究学園都市(筑波店)、三つ目はグンゼ工場の跡地(尼崎市)のショッピングセンター(つかしん店)への出店である。要は、西武百貨店の新規出店のことだが、そこは詩人経営者らしく「街づくり」というキーワードのもと、マスコミが飛びつくキャッチコピーとともに新しいショッピングセンターを展開したのである。

有楽町西武に対し、堤は「西武流通グループの総力を結集し、情報発信機能を持った全く新しいタイプの百貨店」と位置付け、「感性劇場、マインド・シアター」と呼んだ。筑波店に対しては、開催される「つくば科学万博」に連動する形で「第二パビリオン」だった。第一パビリオンが科学万博会場というわけだ。

三番目は西武単独によるグンゼ工場跡地の再開発、つまり新しいショッピングセンター作りである。西武百貨店・つかしん店をコアにして、トンボが飛ぶ池や教会、あるいはサラリーマンが立ち寄る一杯飲み屋街などがある「街」を再現したものだ。堤は「生活遊園地」という名称を与えた。

こうした話題作りは、マスコミの目を引くものである。

その意味では、堤清二は流通業界をリードする理論家でもあった。そこに「文化」の香りを漂わせるわけだから、マスコミは堤の「文化戦略」にとくに注目した。それに応えるかのように、堤は銀座の一等地に「銀座セゾン劇場」を建設したのを始め「セゾン美術館」(西武百貨店池袋本店内)など文化施設を作っていったことは、その象徴であろう。

しかし堤の多角化戦略は、成功しなかった。

バブル景気を追い風に

多角化路線の遂行には多大な資金を必要としたものの、西武百貨店は非上場企業のため証券市場等から直接資金を調達することは出来なかった。そのため、銀行等の金融機関から資金の借り入れ、つまり借金する必要があった。昭和六十三(一九八八)年度末で、セゾングループは一兆円を超える借入金があった。そして西武百貨店だけでも年間二百億円を超える金利を支払い続けていた。

だが堤は「借金も財産のうちです」と語って意に介する風もなかった。もちろん、堤が強気でいられたのは「好景気」という追い風が吹いていたからである。戦後の高度経済成長を経て、わが国の経済は一九七〇年代には安定成長期を迎え、好景気が続いていた。

しかしその半面、日米貿易ではアメリカは巨額な赤字に苦しめられていた。日米貿易摩擦が問題化される。ここでアメリカの貿易赤字を減らすために、日米は一九八五（昭和六十）年九月に「円高ドル安」を容認するプラザ合意を結ぶのである。結果、アメリカ市場で日本製品は競争力を失い、日本の輸出企業は業績不振に陥る。いわゆる「円高不況」が起きたのである。

それに対し、日本政府は輸出に頼るのではなく内需主導型の経済成長へ切り替えるため、公共投資の拡大等の積極財政に乗りだし、日本銀行は市中に必要な投資資金が回るように大幅な公定歩合の引き下げを断行した。これによって、景気は回復しその後拡大していくのだが、金融緩和策が改められることはなかった。つまり、実体経済が必要とする以上の資金が市中に溢れ出す、「金余り」現象が生まれたのである。

金利の安いうちに資金を借りて、それを投機（売却益）に振り向けることで短期間のうちに大きな利益を得ようとする動きが活発になり、その噴流に企業も個人も巻き込まれていく。地価は必ず上がるという「土地神話」が生きる我が国では土地を始めとする不動産へ、そして株や転換社債などの有価証券へと金は流れた。とくに土地への投機は著しく、一時は山手線内側の全ての土地価格でアメリカ全土の土地が買えると試算されるほど地価の高騰は甚だしかった。銀行等金融機関も、土地の値上がり分を含めて担保とし、積極的に融資を進めた。

他方、昭和六十一(一九八六)年初頭に一万三千円台だった平均株価は、わずか三年で三倍近い三万八千九百五十七円まで急騰した。大手証券会社は「平均株価五万円はもう目の前。十万円も夢ではない」と煽りに煽った。値上がりしそうだから買う、という思惑の中で土地も株価も実体から乖離した値段がつけられていったのである。

いわゆる「バブル景気」や「バブル経済」と後に呼ばれる好景気が日本列島を覆っていたのである。事業の拡大路線をとっていた堤清二とセゾングループにとって、バブル経済はまさに「追い風」であった。容易に資金を調達できたからである。いやセゾングループに限らずダイエーも同じような環境にあったし、もっと言うなら銀行等の金融機関を含めすべての企業が「バブル景気」に浮かれていたのだ。

貸出先に困らない銀行、資金調達が容易な企業、そして土地や株式への投資で利益をあげる個人……誰もがマネーゲームの勝者のように見えた。しかし実需に基づかない好景気など、いつまでも続くわけがない。

平成不況の中でグループ解体

最初の「警告」は、株式市場に現れた。

平均株価五万円は目前と浮かれた平成二（一九九〇）年二月、東京株式市場が大暴落に襲われるのである。二月十九日に始まった平均株価の下落は、二十一日には史上三番目となる一千百六十一円安を付けても下げ止まらなかった。四月には、一月に比べて七千六百四円安にまで落ちこんでしまうのだ。

日本政府は行き過ぎた地価高騰の沈静化のため、金融機関の不動産向け融資を抑制する「総量規制」に乗り出していたし、日銀は公定歩合の引き上げによる金融引き締めで市中に必要以上に資金が出回らないようにした。しかしそのことが皮肉にも、バブル経済の崩壊を早めることになった。

地価の下落は担保能力を失わせ、金融機関は不良債権を抱え込むことになった。そして公定歩合の引き上げは、セゾングループのような事業拡大に意欲的な企業に資金不足をもたらすとともに、金融機関から融資の返済を強く求められたため、急速に資金繰りに苦しめられることになった。

そのうえ、消費不況が追い打ちをかける。セゾングループを始めバブル景気に浮かれた企業の経営は急速に悪化していくしかなかった。もちろん、こうした経営悪化はセゾングループを含むバブルに浮かれた企業の自己責任ではあるものの、政府の金融政策の過ちやメディアの煽りで社会全体がおかしくなっていたことも否定できない。

結局、バブル崩壊後の不況、「失われた二十年」とも言われる平成不況の中でセゾングループは経営悪化から立ち直ることは出来なかった。将来性のある事業は他社に売却されるなどして生き残るものの、グループとしては平成十二(二〇〇〇)年に「解体」され、消滅するのである。

セゾングループの経営から離れた堤清二は、詩人・作家、つまり「文化人」としての活動が中心になる。その流れから政治的な活動にコミットしたケースがある。それは、憲法第九条をめぐる改憲の動きに反対して出来た「マスコミ九条の会」の呼びかけ人になったことである。

それについて、堤自身は前出のインタビューでこう答えている。

《そういう経験(空襲のさい、帝都防衛隊で活動したこと——筆者註)もしてますから、9条はもう、絶対に大事です。マスコミ9条の会の呼びかけ人にもなっていますし、かたや経済人として考えても、今、9条がなかったら日本の経済は成り立たないと考えています。（中略）今、日本が工業生産を維持するためには、石油を積んだ船がマラッカ海峡を平和に航海できなくてはなりません。そうでなければ、日本の産業は一ヶ月しかもたない。平和が維持されているということは、日本経済の維持、発展の前提条件なんです。9条があってこそ、日本の経済は生きていけるんですよ。（中略）9条でもって平和が保たれていないと、日本はやっていけない》

マスコミ九条の会は、もともと井上ひさしら九名の著名人が「九条の会」を設立し、各地で改憲反対をアピールした動きから生まれたものである。他には、民放九条の会や映画人九条の会などが誕生している。堤はマスコミ九条の会が主催するイベントや講演会などに参加し、改憲反対の活動を続けた。ちなみに、マスコミ九条の会の呼びかけ人は七十名である。

それにしても、堤の九条改憲反対の主張が「経済人」の立場から展開されていることにやや違和感を覚えた。経営者でなくなっているのだから、もっと平和の観点から強く主張してもいいのではないかと思ってしまったのだ。

「よい品をどんどん安く」

中内㓛の経営者としての歩みは、生家の「サカエ薬局」で働くところから始まる。

その後、中内は大阪・京阪千林駅前に薄利多売をモットーにした医薬品や食品などの小売店「主婦の店ダイエー」を開店する。いわば、ドラッグストアの走りである。この「主婦の店」がダイエー発祥となるものだ。のちに本格的な食品販売に乗り出し、スーパー事業への新規参入に踏み出すことになる。

そのさい、中内は「よい品をどんどん安く」をスローガンに全国各地へ出店攻勢をかける。とくに「東上作戦」と銘打った首都圏に向けた多店舗展開では、堤清二の「西友」と各地で激しくぶつかった。スーパー業界の両雄に対し、「西のダイエー、東の西友」と呼ばれたものである。

また中内のビジネス手法は、自らが「価格決定権のメーカーからの奪還」と主張したように「価格破壊」の実行、つまり徹底した「安売り」の実践であった。そのため「定価」という形で商品の価格を決めていたメーカーとの関係は良好とは言えなかった。

とくに、「家電の王者」と畏怖された総合家電メーカーの松下電器（現・パナソニック）との間で起きたテレビの値引き販売を巡る争いは「ダイエー・松下戦争」と呼ばれ、三十年もの長きにわたるものになった。その間、松下電器はダイエーとの取り引きを停止したものである。「和を以て貴し」とする日本にあって、中内の手法は「消費者のため」という大義名分はあったものの、至る所で摩擦を引き起こさずにはおかなかった。とくに「重厚長大」が支配した当時の産業界にあって、ダイエーの躍進は冷ややかな目で見られた。たとえば、戦後の高度成長とともに急成長してきた「スーパー」という新しい産業に対し、彼らからは「スーと出てきて、パーと消える」と揶揄されたものだ。

それにしても、周囲との軋轢を恐れずどこまでも自分の信念「価格破壊」を貫こうとする経営者・中内㓛を支えるものは、いったい何であろうか。

他人のために生きる

中内自身は、それらしきことを「日本経済新聞」(二〇〇〇年一月一日付)の「私の履歴書」の中でこう述べている。

《思えば私はひたすら仕事に生きてきた。執念の鬼のように、流通という仕事を追い続けてきた。そのことに今、私なりに大きな誇りを持っている。

この執念の原点は、戦争の体験にある。五十五年前、日本は太平洋戦争に負けた。私はフィリピンの北部の山中で、大日本帝国陸軍・比島派遣軍の軍曹として敗戦の日を迎えた。自分の目の前で多くの戦友が死ぬのを見た。「突撃」の一言で勇敢な人ほど死んでいった。自分は卑怯《ひきょう》未練で生き残った。そのことへの後ろめたさを心に抱いて、今も生きている。大岡昇平の「野火」という戦争小説には人間の限界を問う飢餓が描かれている。将校でなく「中内軍曹」という一人の下士官として闘った私にも、食べ物への執念と、悲惨な戦争を遂行させた精神主義への反感が骨の髄まで染み込んでいる。

この体験を基に、私は日々の生活必需品が安心して買える社会をつくることを戦死した人々に誓った。それを途中で投げ出すわけにはいかない》

私が取材した戦場から生きて帰った人の多くは、中内の言う「後ろめたさ」を同じように抱えている。そのことを吐露するとき、決まって世の中のためになる何かをしたい、そうすることが生き残った自分の務めだという趣旨のことを異口同音に述べている。

自分のためにではなく他人のために生きる……これが、戦地から生きて帰ってきた人たちのレゾンデートルになっているように感じた。

『わが安売り哲学』

じつは中内㓛には、自ら絶版にした『わが安売り哲学』(日本経済新聞社、昭和四十四年)という処女作がある。発売以来、十九刷を重ねるベストセラー作品になったが、「財界のご意見番」と言われた経済評論家・三鬼陽之助から「物書きになるつもりか。経営者は本を書くな。一度書くと(それに)囚われるから」と指摘されたことで、その助言に従ったのである。それ以後、中内は筆を執るようなことはなかった。

『わが安売り哲学』を上梓した昭和四十四(一九六九)年は、中内にとってもダイエーにとっても、ひとつの節目になった年である。

まず最初は、中内㓛が「首都圏レインボー作戦」と名付けた東上作戦を本格化させた年であること、そして堤清二率いるスーパーの西友と各地で安売り競争を戦い、いわゆる「ダイエー・西友戦争」を展開したことである。もっとも有名なのが、北区赤羽にあった西友の主力店と激しい価格競争を繰り広げた「赤羽戦争」である。

もうひとつは、その激しい競争に勝ち抜いて、ダイエーが翌四十五年八月期の決算で売上高一千億円を達成したことである。前期(昭和四十四年九月―四十五年二月)が七百五十億円程度だから、半年間で二百五十億円もの増収を実現させたことになる。ダイエーの躍進が、実力であってフロックではないことを示したと言っても過言ではないだろう。

最後が西友との一連の戦いで、中内㓛とダイエーの名前を首都圏でも広く知らしめたことである。当時、ダイエーは創業十二年目で、中内は四十七歳の若き経営者であった。当然、中内もダイエーも自信に満ち溢れ、時代や社会の変化を読んだ事業展開の未来は輝かしいものに見えたであろう。

しかし中内ダイエーが今後も快進撃を続けるためには、つまり飽くなき事業欲を満たすには、必要とする資金を必要な時に調達できなければならない。昭和四十四年当時、ダイエーは非上場企業だったため、市場から必要な資金を調達(直接金融)することは出来なかった。そのため、銀行など金融機関からの調達(間接金融)に頼るしかなかった。しかしそれには、担保を必要とした。

ダイエーが店舗の全国展開を積極的に進めていくためにも、また今後は食品以外の新しい事業への新規参入(業務の多角化)を考えるなら、もっと自由に、そして必要なだけの資金を低コストで計画的に調達することは急務であり、それにはダイエーの上場しかなかった。

私は商人である

このような中内とダイエーが置かれた当時の状況に鑑み、改めて『わが安売り哲学』を紐解くと中内の率直な心情が垣間見られて興味深いものがある。

たとえば、「まえがき」では、中内は自分の仕事を誇らしげに語る。

《私は商人である。そして今後も商人としての途を追求しつづけてゆくだろう。私にとってキャッシュ・レジスターの響きは、この世の最高の音楽である。（中略）私どもが真心をこめて「よい品をより安く」と願って開発し商品化した品々が売れることは、消費大衆が私たちを支持している証拠であり、その瞬間、瞬間に私たちは遠い未来の目標に向かって一歩一歩着実に前進していると信じている》

しかし同時に、商人の社会的評価が低いことに強い反発を見せている。

《現代は売るために商品を作らねばならない時代である。そしてこの場合、忘れられないのは、「商品」とは常に消費者、つまり最終ユーザーの「ニーズ」にもとづいて生産されたものでなければならないということだ。それは〝より豊かな暮らし〟に結びついたものでなければならない。

ところでニーズは誰が探るのか。常に消費者と接する私たち小売商こそその担い手である。私たちは、価値の発掘者であり、価値の達成者である。だが、その偉大な任務を遂行する立場にあるにもかかわらず、商人はなんと軽視されてきたことか。商品をつくる生産者こそがすべてであり、商人はその利潤の一部をかすめとるかのようにみられてきた》

中内の怒りは「士農工商」と揶揄されてきたわが国の古い産業構造に向けられ、そしてそれを維持しようとする者に対しては「宣戦布告」をするのである。

《敗戦によって与えられた民主主義が本当の芽を出し始めたいま、封建制度は音をたてて崩壊しはじめ、過去の権威と虚構に対し挑戦がはじまっている。日本経済は「生産第一主義」、「欧米に追いつき追い越せ」という考え方から脱却し、真の国民生活に奉仕する経済へと転換しはじめている。消費者志向型経済の時代、そして脱工業社会、情報化社会への夜明けが始まろうとしている。

私は真実の意味でこの世を消費者のための社会にしたい。それには消費者に信任された商人が、消費者志向を信条とする生産者と提携し、一歩一歩、歩を進めるよりほかにない。この一連の動きの中で流通業者が流通の主導権を奪還し、その力を価格決定権として持つことこそ流通革命だと思う。（中略）これは絶え間ない闘争の歴史であり、既存勢力に対する挑戦の連続であった。旧習を墨守する役所やメーカーと争い、保守的な小売業者の理解をとりつけるためどれだけ苦労したことだろうか》

このように「まえがき」には、中内㓛がダイエーを創業した理由と目的、そして戦うべき相手が明確に書かれている。そして本文は六章で構成されており、もっと具体的かつ詳細に記述されている。とりあえず、雰囲気だけでも摑むため、目次から「章タイトル」を列挙してみる。ただし、ナンバーは振られていない。

・めざすは消費者主権
・メーカーへの挑戦状
・これが流通革命だ

・ダイエーはかく進む
・人は現場で鍛える
・競争こそすべて

多くの経営者が記述する「サクセス・ストーリー」は、要するに自慢話のオンパレードになりがちである。成功の秘訣に始まって、自らの経営手腕の卓越さや起業からの苦労話などで満載になる。

それに対し、中内の『わが安売り哲学』は「章タイトル」からも分かるように、ひとつの提言書になっている。それも私たち消費者だけでなく、戦うべき相手に対してもそれが正当な戦いであることを宣言している。とくに私が注目したのは「これが流通革命だ」の章で、中見出しに「ソビエトをつくろう」が付けられている箇所である。

「ソビエトをつくろう」

「ソビエト」とは、一九一七年のロシア革命で初めて社会主義政権が誕生したとき、その原動力となった労働者と兵士からなる革命組織のことである。労兵会や労働者兵士協議会とも訳される。もちろん、中内がマルクス主義者や社会主義・共産主義の信奉者になったということではない。本書を読めば、あくまでもその手法を中内が参考にしたに過ぎないことは分かる。

それにしても、米ソの冷戦時代の最中に「ソビエト」という用語を使って、自分の考えを説明する中内の屈託なさには感心する。正しいと自分が思うものなら、右も左もないということなのだろうか。

ところで中内によれば、流通革命を達成するためには、消費者と流通業者、中小メーカーの三者が同盟軍を結成しなければならないという。しかも《同盟軍に参加する消費者は、自分の財布から金を出し、毎日、一円でも安い買物をしようとする大衆である。決して有閑マダムの集まりではない》し、流通業者は《消費者主権に目ざめた大量販売店（スーパーのこと――筆者註）で》ある。

さらに、中小メーカーに同盟軍参加の資格がある理由を、中内はこう説く。

《中小メーカーは、同じ生産部門にあっても寡占資本によって暴威を振るわれ、取引における不当価交換で痛めつけられ、あるいは自己の営業部門を巨大資本によって蚕食されつつある。（中略）発展を望むならば、消費者志向にめざめ、消費者、量販店とともに流通革命の同盟軍に

参加して、寡占体制への対抗力の一員となるよりほかない》

このような勇ましい言葉が『わが安売り哲学』では続くが、要するに弱者は団結して利益を独占する強者にあたるしか未来は切り開かれない、と言いたいのだ。それゆえ、次のような結論に辿り着く。

《消費者主権を確立するには、政治的な力となる必要がある。現在の生産者主権を維持しようとする旧勢力は、政治的にも経済的にも頑強に抵抗を続ける。同盟軍の戦いを散発的に終わらせることなく、組織的な力として発展させるためには、日本の各地にソビエトをつくるのだ。(中略)日本の流通革命におけるソビエトは消費者、革新的流通業者、中小メーカーの代表によって構成される》

画期的な主張ではあったが、日本の各地に「ソビエト」が作られることはなかった。ただし、その事実を指して『わが安売り哲学』で展開された中内の流通革命理論や彼の主張などがすべて間違っていたと指摘することには賛同しない。消費者の立場から流通のあるべき未来を提示した功績は、けっして色褪せるものではないからだ。

二年後、中内はダイエーの株式を大阪証券取引所第二部に上場した。さらに、その翌年には東京証券取引所第一部に上場を果たしている。

昭和四十七(一九七二)年八月期の決算で、ダイエーは売上高一千三百五十九億円を達成して、百貨店の三越を抜いて小売業界第一位の座を占めた。それから八年後の昭和五十五年には、日本の小売業界では初めて売上高一兆円を超える企業に成長したのだった。

このような実績を着々と積み上げたことで、中内㓛は「士農工商」と呼ばれた日本の産業界にあって「スーパー業界」を含む小売業界全体の地位向上、プレゼンスを高めることに貢献したのである。

中内㓛もまた、堤清二と同じように好景気の追い風に乗って、業務の多角化・事業の拡大に意欲的な経営者であった。スーパー業界トップのダイエーを母体にした「コングロマーチャント(複合小売業)」を唱えて、百貨店事業(プランタン銀座)やコンビニ、紳士服、金融、不動産開発など新規事業に乗り出し、一大複合企業グループの形成に成功するのである。

もはや中内は、スーパー業界の一経営者ではなかった。

その成果のひとつが、平成二(一九九〇)年の「経団連」副会長就任だったろう。財界四団体の中でも経団連は別格で、会長は「財界総理」と呼ばれるほどである。中内の副会長就任が、いかに社会から注目されたか想像するに難くない。

関西財界の重鎮に異議

しかもその成功に至る過程で、中内は戦争体験者らしいエピソードを残している。

ダイエーは昭和五十五(一九八〇)年に売上高一兆円を達成するが、その年の二月、中内は国立京都国際会館で開催された関西財界セミナーに出席した。議長役は関西財界の重鎮で、当時権力の絶頂期にあった住友金属会長の日向方齊だった。その日向が午前中の基調討議の席上、憲法改正やソ連(現・ロシア)を仮想敵国と想定した独自の防衛力の強化、徴兵制の研究の必要性等々の持論を展開したのだ。

実力者を前にして誰もが沈黙を強いられるなか、中内ひとりが「異議あり」と反論の声を上げた。

《「あなたは防衛力を増強しろとおっしゃいますが、核時代の現在、どれだけの軍備があれば日本は守りきれるというんですか。いまや核ミサイルの時代です。(中略)

核戦争になれば、戦闘機も戦車も軍艦も、役に立たないとは言いきれないが、そんなものいくらあっても無に等しい。戯れ言を言わないでいただきたい。そんなことよりも、ソ連を刺激せずに、ソ連と仲よくする努力をすることのほうが大切じゃないんですか。

それに、憲法改正して徴兵制を導入するなんて、それこそ言語道断だ。そんなことをしたら、日本はアジアをはじめ世界から袋叩きにあい、孤立してしまいますよ。

かつての日本は、大東亜共栄圏建設の美名のもとに侵略の過ちを犯した。戦争中、朝鮮半島、中国、アジア各国を侵略したことを知らないとは言わせない。（中略）あなたは日本をまたあのいまいましい時代へ引き戻そうというんですか。とんでもないことだ。中国に対して、日本はどうやって、軍備拡張の正当性を説明するんですか。

太平洋戦争は、資源の争奪によって起こった戦争です。戦争になれば、あなたの会社は軍需産業として儲かるでしょうが、われわれはたまったものじゃない」》（大塚英樹編著『中内㓛二〇〇時間語り下ろし――好奇心に勝るものなし』講談社より、ルビは省略）

日向は予期せぬ伏兵・中内の異議申し立てに激高し、反論した。当然、議論は嚙み合うはずはなかった。以後、中内は関西財界セミナーには出席しなくなった。

「そんなええかげんなことを言うのはおかしい」

その後、中内はジャーナリスト・岩上安身とのインタビューで、その時の気持ちをこう語っている。

《戦争を体験してきた人間として、国民皆兵とか、軍備を強化せよなどという主張にはそう簡単に賛成できるものじゃない。あの関西財界セミナーのときには、僕ははっきりこう言った。「日向さん、本気ですか？　あなたの息子さんが戦争に行って、戦死してもいいんですか？」と。誰でも嫌じゃないですか。自分の息子や、自分の血を分けた人間が戦争に行って命を落として、それで「お国のために死んでよかったなぁ」なんて言えるか⁉　みんな涙を流すやないか。それなのに徴兵制を復活させ、本格的に再軍備しようなんて話をするから、僕も熱くなって本気で反論した。そんなええかげんなことを言うのはおかしいと、言うたわけや。戦争体験のない人はええかげんなことを言ったりするが、僕らみたいに、関東軍やら、フィリピン派遣軍やらに行かされて、実際に最前線で戦ってきた人間は、どんなことがあっても戦争だけは絶対に避けないかんと思う。人間と人間が殺し合うなんて、あんな悲惨なことは、どんなことが

あっても避けないかん……》(「ダイエー会長・中内㓛『戦争』と『革命』」、『別冊宝島』一九九六年)

中内の言葉は実際に戦場に立ち、食うか食われるかを経験した者でなければ、語れない心からの叫びである。

それにしても最近は、中内のように相手が誰であれ、自分の信念を公の場で正面からぶつける経営者や経済人を見かけることがなくなった。

阪神淡路大震災の被災者を励ます

中内とダイエーの行動には、私たちが決して忘れてはならないものがある。

それは、平成七(一九九五)年一月十七日午前五時四十六分に起きた阪神淡路大震災で、政府よりもいち早く救援活動に乗り出し、そして神戸を中心とした災害地の復旧に多大な貢献をするとともに被災者を励まし続けたことである。

阪神淡路大震災が起きたことを中内が最初に知ったのは、朝のテレビニュース番組であった。東京の田園調布の自宅で大地震の深刻さを察知すると、すぐに同じ敷地内に住む長男でダイエー副社長だった潤に電話し、東京本部のある浜松町のオフィスに幹部を至急招集すること、さらに災害対策本部の設置を命じたのだった。なお、時の政府、村山富市内閣が対策本部の設置を決める三時間も前のことである。

中内はすぐさま自宅を出て、午前六時半に浜松町オフィスに着いた。午前七時には災害対策本部を設置し、その場で三百六十名の応援部隊を東京と福岡から送ることを決め、午前十一時には被災地に向けて出発した。同じ頃、チャーターしたヘリコプター二機におにぎりや弁当など一千食分の食料を積み込み、新木場のヘリポートから神戸ポートアイランドに向けて飛び立たせたのだった。

その他の食料品や生活必需品などはトラック、タンクローリー、フェリーなど陸海空の輸送手段を確保出来次第、全国各地から神戸へ向けて輸送した。

さらに中内は、地震発生当日の十七日と翌十八日は正月の休日振替日にあたり、関西地区のほとんどの店舗では閉店を予定していたが、それを中止して開店するように指示している。もちろん、店舗を点検し安全性を確認したうえでのことである。

「スーパーはライフライン」は、中内の持論である。被災地に食料品や生活用品を速やかに調達することが便乗値上げを防ぐとともに、治安を安定させるからだ。

中内は震災の三日後、被災地の中心・神戸に入った。

ダイエー系の百貨店「プランタン神戸」の店内に設置された現地対策本部で、被害状況の報告を受けるとともに陣頭指揮を取るためである。ダイエー独自のネットワークを通じて届いた必要な食料品や生活必需品などを、被災者がすみやかに購入できるように営業時間の延長や被災した店舗での店頭販売などを特例として行政に認めさせたのだった。

「被災者のために灯りを消すな。客が来る限り店を開け続けろ。商品が揃わなくても店の灯りだけは点灯し続けろ」という中内の号令のもと、電力供給に問題がないダイエーの各店舗や系列のコンビニ「ローソン」などでは照明を二十四時間点灯し続けて、被災地の人々を励まし続けた。これは、中内の「暗闇は人間に絶望感をもたらす」という戦争体験に基づくものだと言われる。

阪神淡路大震災は「国内史上初の震度七」を観測した大地震で、その被害は死者六千四百三十四人、行方不明三人、負傷者四万三千七百九十二人(うち重傷一万六百八十三人)、住宅被害六十三万九千六百八十六棟(うち全壊は十万四千九百六棟)という膨大な数にのぼる。金額でいえば、被害総額九兆九千二百六十八億円である。

当然、神戸発祥の企業であるダイエーが受けた被害も甚大であった。

神戸市内でも倒壊した店舗は十一店、半壊は二店。ローソンなどダイエー系店舗は約百店も被災していた。被害総額は四百億円にものぼった。また、ダイエー関係者も百十九人が亡くなっている。

これほどまでにも被害が甚大になった原因に政府の初期対応の遅れ、いやその後も後手後手に回った対応のまずさを指摘する声は少なくない。政府を上回る迅速な救援活動を行ったダイエー、そしてそれを指揮した中内㓛。被災地の人たちは、いまなお中内とダイエーの救援活動に感謝の念を忘れない。

中内は救援活動後、親しいノンフィクション作家・佐野眞一に対し政府の対応をこう批判したという。

「国には絶望した。なんでこんな国に高い税金を払いつづけていたんやろうかと思うと、あらためてむかっ腹がたった」

晩年の中内

しかし経営者としては、中内㓛も堤清二同様、最終的に成功者とは言えない。

中内はダイエーをコングロマーチャント(複合小売業)として売上高三兆円、従業員数六万人以上の一大企業グループにまで育てあげたものの、バブル経済崩壊後の平成不況のさなかに起きた阪神淡路大震災の損害もあって業績不振から立ち直れず、堤のセゾングループ同様に経営危機に陥ってしまうからだ。

平成十三(二〇〇一)年、中内㓛は「時代が変わった」と告げてダイエーを退任し、経営から完全に身を引くことを明らかにした。その後は、中内が私財を投じて設立した「流通科学大学」を運営する学校法人中内学園の学園長に専念し、一年生を対象にした「中内ゼミ」を開講した。ゼミは中内が死ぬまで続けられた。

ところで前述の中内の「私の履歴書」は、次のような言葉で締めくくられている。

《人々の日々の暮らしが姿を消し「お国のために」が前面に出てきたとき、戦争が始まった。流通が消え、配給が登場した。この事実を事実として、自分の仕事を通じて語り続けたい》

中内㓛は平成十七(二〇〇五)年に八十三歳で、堤清二は平成二十五(二〇一三)年に八十六歳で亡くなっている。ふたりとも古い体質や旧体制に抗がい、そして戦った経営者である。しかし実際に戦地に赴いた経験があるかどうかで、戦争に対する意識を含め生き方そのものにもかなりの差が出てくることが分かる。

戦争とは何かと問われたとき、老人が始めて貧しい若者が死ぬゲームという言葉があるが、そのことを実感として受け止めるためには戦争体験者が語る言葉がいまはもっとも必要な時ではないだろうか。

次章からは、戦地で戦争を体験した経営者や経営幹部などの話を紹介していく。

第二章　日本軍は兵士の命を軽く扱う

加藤馨（2015 年 1 月頃，97 歳）

ケーズデンキ・加藤馨名誉会長の「お別れ会」

桜の季節も終わった四月下旬、その日は初夏の到来が近いことを感じさせる暖かな一日だった。昼近くには二十三度を超え、少し足早に歩くと脇が汗ばんだ。いつものように私は、地下鉄有楽町線桜田門駅で下車すると、駅前に広がる日比谷公園の中を突っ切って帝国ホテルに向かった。

その日――二〇一六(平成二十八)年四月二十五日は、午前十一時半から帝国ホテルで大手家電量販店ケーズデンキの創業者・加藤馨名誉会長の「お別れ会」が開かれることになっていた。私が初めて加藤に会ったのは、二〇〇九年の秋だった。ちょうど経済誌でケーズデンキの連載を執筆していた時で、創業の頃の話を聞くためであった。

すでに経営の第一線を退き、名誉会長に就任していた加藤は、生まれ育ちから軍隊時代、そして創業から大手家電量販店までの成長の軌跡をたんたんと語った。彼は何の気負いもなく、そして相手を威圧するような風もなく、年端のいかない子供に噛んで含めるように何度も丁寧に説明した。

加藤馨は、それまで私が取材してきた創業者や経営トップとはまったく異質なタイプであった。偉ぶるところも相手を威圧するようなところもなく、いつもひとりの人間として対峙しているという感じであった。

私は取材が終わる頃には、加藤馨の伝記を書いてみたいと思うようになっていた。それほど魅力的な人物だったのだが、結局、他の仕事に忙殺されてその機会を活かすことは出来なかった。

開始時間よりも十分ほど早く会場に着くと、すでに受付には百名ほどの行列ができていた。参列者一人ひとりに献花用の一輪の花が渡され、献花台に案内された。私は伝記を書けなかったことを詫びるとともに、今後のケーズデンキの発展を見守って欲しいと祈念して献花を済ませた。

隣室には、故人を偲ぶものとして創業から六十周年記念パーティまでの間で、追悼に相応しい写真が十数点選ばれ、壁に展示されていた。とくに印象的だったのは、ソニー創業者の盛田昭夫(当時・会長)と並んだ写真である。四十年近く前のふたりは若々しく、そして自信に溢れた表情をしていた。

ケーズデンキは元々、松下電器(現・パナソニック)の系列店「ナショナルショップ」から家電の小売りに乗り出している。系列(専売)から家電量販(混売)に転換したことで、松下との関係が悪化したという話を聞いたことがあったので、ソニーの盛田と収まった写真が展示されているのはその影響が出ているのだろうかと思った。

三十分ほど会場で故人を偲んでから、私はホテルを出た。ホテルの前の日比谷公園を歩きながら、ケーズデンキの役員OBから聞いた話を思い出していた。加藤が亡くなって改めて、それはケーズデンキの創業者としてよりもひとりの戦争体験者としての「遺言」だったのではないかと思えたからだ。

「戦争ほど悲惨で残酷なものはありません」

二〇一二年の十二月下旬、民主党は衆議院選挙に大敗し、三年間居座った政権の座から追われる。安倍政権が誕生してしばらくすると、安倍の持論である「憲法改正論議」がマスコミを賑わせるようになった。そのうち「憲法九条改正」と対で「徴兵制の復活」といった主張も出始めた。なにやらきな臭い空気が日本の社会を覆いだしたころ、加藤馨は子息で後継社長の加藤修一に対し、役員と執行役員、本社の課長以上の幹部に話がしたいので集めるようにと指示を出した。

突然の呼び出しに本社会議室に集まった幹部たちは「いったい何を話されるのか」と互いに問い質すものの、社長の加藤修一を始め誰からも「分からない」という言葉が返ってくるだけであった。困惑する半面、出席者の誰もが「名誉会長は何を話したいのだろうか」と興味津々でもあった。

加藤は、自らの生い立ちから始めて、戦争中は通信兵として南方の島へ派遣されたこと、敗戦で帰国してからは水戸でラジオの修理業を始めたことなどを淡々と話したあと、いまは(役員を含め会社で働く)みなさんのお陰で会社も順調に発展していますと感謝の言葉を述べた。

それまで加藤が話してきたことの大半は周知の事実である。改めて役員、経営幹部を集めて話す内容ではない。出席者が加藤の真意を図りかねていると、最後に加藤は、こう切り出したのだった。

「いま、世の中で憲法改正のことなど耳にします。そして軽々しく徴兵や再軍備、戦争の話がなされています。しかし戦争を体験した者としては、戦争などはあってはならないものです。人と人が殺し合う。そして戦地で食糧がなくなると、人間は自分が生きるためにはとんでもないものを食さずにはいられなくなります。そのように、戦争は悲惨で残酷なものです。あのような悲惨な事態を二度と起こしてはいけません」

そして、こう呼びかけた。

「みなさん、よく聞いておいてください。戦争は二度と起こしてはいけないものです。あってはいけないものなのです」

さらに「戦争は悲惨だ、絶対に繰り返してはいけない」と繰り返し述べたのだった。

出席者のひとりは、その時の加藤の様子をこう回想した。

「本当に切々と、『戦争ほど悲惨で残酷なものはありません。戦争は起こしてはいけないものです』と話されたことは、心に強く残っています。そして名誉会長の言葉からまだまだ口に出せないことがたくさんあるのだろうな、と感じました」

実際に戦争を体験した者として加藤は、戦争を知らない世代から再軍備や徴兵制の復活、海外派兵が「軽く」語られることに強い危機感を覚えたのであろう。そうした雰囲気や流れを、戦争の経験者として黙って見過ごすわけにはいかなかったに違いない。戦争体験は彼の心に、戦争が終わってからも暗い影を落としていたのである。

職業軍人の道へ

加藤馨は大正六(一九一七)年五月五日、神奈川県旧千木良《ちぎら》村(現・相模原市)で三男二女の末っ子として生まれた。生家は農家だったが、主な作物は鉄砲百合の球根だった。いまでは生け花などに使われるが、当時はアメリカで鉄砲百合がよく売れたため、加藤家では輸出用として球根栽培を行い、それで生計を立てていた。

馨の父親は先見の明がある人だったようで、どこで鉄砲百合が高く売れると聞きつけたかは不明だが、すぐに鉄砲百合の球根の栽培に着手したのだった。もちろん、村では初めての試みであり、加藤家は唯一の鉄砲百合の球根栽培農家になった。

鉄砲百合の球根は高値で売れたため、加藤家の暮らし向きは良くなった。村でも評判の金持ちになったことで、多くの村人は加藤家に百合の根を買い求め、鉄砲百合の球根栽培に携わるようになった。いわば「村起こし」に繋がったのである。

しかし馨の父親は、暮らしを豊かにしてくれた農業ではあるが、それ自体には将来性をあまり感じていなかった。長男には仕事を手伝わせていたものの、他の子供たちにはサラリーマンや公務員など他の職業に就くことを望んでいた、という。

馨が高等小学校(二年制、現在の中学校に相当)二年生のとき、校長は成績優秀な馨の将来を案じて教師になることを勧めた。成績優秀者は学校の推薦があれば、無試験で師範学校(現在の教育大学)に入学できたからだ。

その頃のことを馨は、こう回想する。

「ちょうど、私の姉が教師になるため師範学校に通っていました。姉は三年生でしたが、父は姉が師範学校に入ったのなら、私も入れようと思ったようです。ですから、私が学校の先生になりたいと思ったというよりも、そういう農業以外の道が開けていたということです」

しかしこの道は、あえなく頓挫する。

神奈川師範学校に入学する年の一月、父親がクモ膜下出血で急死したからだ。家業の鉄砲百合の球根栽培は長兄が父親の仕事を手伝っていたので継ぐことになったが、父親と同じように高い利益をもたらすことが出来るかは分からなかった。というのも、この事業は球根栽培よりも「売る」ほうがはるかに難しかったからである。しかも長兄には、商売の経験がまったくなかった。

働き手の中心を失った加藤家の暮らしは、急速に悪化していく。長兄の力だけでは、父親と同じように事業を運営することは叶わなかったのだ。もはや一刻の猶予も許されなかった。母親は馨を呼んで、こう諭した。

「こういう事情だから、お前も(師範)学校へ行くのを諦めて、うちの仕事の手伝いをしてください」

馨は、母親の頼みを受け入れるしかなかった。たとえ無理に入学したとしても、学費を出せる余裕が加藤家にない以上は勉学を続けられないことは分かっていたからだ。馨は長兄の手伝いに励んだ。五年間一生懸命働いたものの、それでもやっと暮らせる程度の収入しか得られなかった。

どうしたものかと思案しているころ、長兄が結婚し兄嫁が家業を手伝うようになった。これで人手は足りたものの、だからといって収入が増えたわけではなかった。馨は口減らしを兼ねて、外へ職を求めることにした。

しかし一九二九（昭和四）年秋にアメリカで起きた世界恐慌は日本にも波及し、昭和恐慌となって大不況が続いていた。つまり、仕事を見つけようにも肝心の仕事がなかったのである。そこで馨は、日本陸軍に志願し、職業軍人の道を選ぶのである。

暗号班長として

昭和十二（一九三七）年一月、加藤馨は第一師団甲府歩兵第四十九連隊に入隊する。四十九連隊はソ連（現・ロシア）と満州（現・中国東北部）の国境警備が任務だった。満州国は日本が後ろ楯になって設立した満州人の政府である。満州国のペーアンという町から二キロほど離れた煉瓦

連隊本部暗号係として(昭和13年12月20日頃)

造りの兵舎で、馨の駐屯生活は始まった。

「(軍隊で)教育を受けていると部隊の様子が次第に分かるんです。一兵卒で入隊しますが、半年後は一等兵になります。下士官になるには、下士官養成の『指導学校』に入る必要があります。私は、そこに志願したわけです。部隊の推薦を受けると無試験で入れますから、それで帰国して熊本にあった指導学校に入りました。卒業すると、甲府の四十九連隊の『留守隊』に配属されました」

加藤が入隊した年には、盧溝橋事件に端を発した日中戦争が始まり、戦闘は日増しに激化の一途を辿っていた。ソ満国境の守備が任務の四十九連隊では、新たに「北支派遣軍」を編成し、戦闘地帯に送り込むことになった。そのとき、加藤は連隊の副官に呼ばれ、暗号技術の取得を命じられる。

「連隊で暗号を学ぶのは、お前が初めてだ。ただ習ってきただけではダメだ。二週間の研修の間に全て覚えて、みんなに教えろ。それが、お前を選んだ理由だ」

今後は電報はすべて暗号化されるので、その解読と作成ができる人間が必要になったのである。たぶん、加藤の優秀な成績も選抜に際して考慮されたのであろう。

これが、加藤が戦場で死ぬ確率を低くした。

というのも、暗号班長として連隊に戻った加藤は、連隊長が戦地へ赴く時以外は本部に居ることになったからである。師団から連隊へ電報が入り、連隊長が出動となれば、加藤も同行した。

北支派遣軍は昭和十三年十一月初めには中国・山東省の済南に送られた。当時でも人口三十万人ほどの都市であった。そこから二十キロほど北に行った、周囲を城壁で囲まれた小さな町で、加藤らは守備についた。

ノモンハン事件で見たもの

ところが、翌昭和十四(一九三九)年五月、ノモンハン事件が起きる。

本来は満州国とモンゴルの国境紛争なのだが、両国の後ろ楯である日本とソ連が直接戦闘を始めたため戦火は広がっていったのだ。加藤は暗号班長として師団から送られてくる電報を解読していたので、戦況の実態はよく知っていた。

「他言してはいけないから誰にも言いませんでしたが、ノモンハン事件は日本軍の大敗です。日本軍は（戦死傷者が）二万人、やられたんです。全然勝ち目がなかった。というのもソ連軍の装備が日本軍と全然違って、最新鋭だったからです。たとえば、戦車でも装甲が厚くて、日本軍が戦車を攻撃する速射砲の弾丸では、あたっても凹むぐらいでした。ソ連の戦車がまいらないから、（日本軍は）戦いようがないわけです。それで（日本軍は）撤収し、ソ連とモンゴルの軍隊も満州国に攻め込まなかったから助かった」

さらに、その時に日本軍のとった作戦を語気を強めて批判する。

「ソ連の戦車に対抗するため、うちの連隊でも演習の仕方が変わったんですよ。要するに地雷を持って日本兵が小さなタコツボ（塹壕）に隠れて、ソ連の戦車が傍まで来たら地雷をキャタピラにぶつけるというものです。成功すれば、キャタピラが壊れるのでソ連の戦車が走れなくなる、そういう作戦に出たんです。それ以外に、当時の日本軍にはソ連の戦車と戦う方法がなかったんです。でもね、地雷を投げる兵隊は、よほどうまく行かなければ死んでしまいます。そんなバカなことがあったんですよ。その頃から、日本の軍隊は人命の軽視が甚だしいと思いましたね」

加藤が「その頃から」と語気を強めたのは、おそらく日本軍が太平洋戦争末期に「神風特攻隊」や「人間魚雷回天」という若い兵士に爆弾を抱えさせて敵に体当たりさせる作戦を実行したことを念頭に置いたからであろう。

実際に戦う相手の主要兵器の性能を把握することなく戦争を始める日本軍（上層部）の愚かさ、そして始めてから対抗兵器がないとなれば、安易に兵士の命を代用する無能さに加藤でなくても怒りと共に失望させられたであろう。

ノモンハン事件以降、加藤は日本軍上層部に対し不信感を募らせていく。

大本営への疑問

加藤馨は四十九連隊の暗号班長を二年半務めたあと、水戸の航空通信学校へ進み、卒業と同時に航空通信隊付きになった。そして第六飛行師団通信隊が編成され、その要員に加藤は加えられるのだ。

昭和十七（一九四二）年十月、加藤は東京・芝浦から出航して、南方のパプアニューギニアのニューブリテン島にあるラバウルに向かった。そこに第六飛行師団通信隊の本部が設置され、加藤は通信の送信を担当することになったからだ。

ラバウルでの勤務は十カ月ほど続く。その後、第六飛行師団の本部がニューギニア島のウエワクに移ることになり、加藤は通信基地の開設を命じられる。ラバウルには「対空一号」と呼ばれる日本陸軍では大型に相当する無線機が設置されていたが、それよりもはるかに巨大な無線機「地一号」をラバウルからウエワクに運び出す任務も同時に言い渡されていた。

加藤馨は工兵隊を伴って、ウエワクを目指した。

昭和十八年頃には制空権も制海権もアメリカ軍が握っており、敵機に発見されないためには海岸沿いに船を走らせる必要があった。なんとかウエワクに到着したものの、後続部隊を待っていた五日目、加藤に士官学校への入学命令が届く。当時、加藤は部下を八名抱える曹長だったが、曹長を一年勤めあげると士官学校への入学資格を得られる仕組みになっていた。通信隊の隊長が、加藤に士官学校入学を勧め、受験していたのである。

自分ひとり帰国することに躊躇いがあったものの、その頃には大本営の方針に多くの疑問を感じるようになっていた。

「ウエワクに行ったのはいいのですが、すでに毎日朝晩の二回、敵の艦載機の爆撃を受けていたんです。空襲があるたびに、私たちは防空壕に逃げ込むだけでした。というのも、こちらには反撃しようにも(艦載機に対抗する)武器がなかったからです。艦載機は空母から飛んできて爆弾を落とし、銃撃して帰っていくだけです。

そんな場所に大きな無線機・地一号を組み立てたところで、すぐに爆撃にあってぺっしゃんこになるだけじゃないかと思いました。なのに、現実には撤退したほうがいい場所に前進の命令が出るわけです」

日本軍の無謀な戦いぶり

第二次世界大戦は、勝敗は「情報戦」で決まると言われた戦争である。いち早く正確な情報を入手し、その情報を素早く分析し適切な対抗措置を取ることが勝利への道である。しかし現実を見る限り、加藤には現地の正確な情報が上層部に伝わっているのか疑わしかった。いくら正確な情報を現地から送っても、それを上層部が活用しなければ、情報を収集した意味がなかった。

「(昭和十八年頃は)一般国民は大本営がいい加減な発表をするから、(太平洋戦争が)負け戦だとは思っていませんでしたが、(日本軍が)第一線で勝ったことはなかったですよ。私が居たときも、今日は飛行機が三十機出て、十八機しか帰ってこないとか。だいたい出撃しても、半分近くはやられていました」

さらに、十分な兵站を考えない日本軍の姿は、ここウエワクでも見られた。

「五日間いたのですが、食糧がなくなってきて三日目から三分の一に減らされました。後続部隊が来るまで私の任務はありませんでしたから、本部の手伝いをしていただけなのですが、それでも腹が減って腹が減って仕方がありませんでした。椰子の実の古くなったものを拾ってきて、中の白い部分を食べたりしていました。兵隊さんは山にタロイモがあるというので取りに行って食べたりしていましたけど、そんなところに部隊を前進させてどうなっちゃうんだろうと思いました」

上層部の判断に疑問を抱いたまま、加藤馨は六日目の朝、連絡飛行機でラバウルまで行き、その後は巡洋艦などを乗り継いで日本に帰り着いた。加藤がウエワクを離れて一カ月後、アメリカ軍の猛攻が始まり、日本軍は全滅した、という。

加藤は、日本軍の無謀な戦いぶりをこう振り返る。

「大本営で考えることと第一線の状態が、あまりに違い過ぎるんですよ。第一線のほうも悪いのかも知れないけど、負け戦なのに『負けた』という報告をあまりしていないでしょうね。(太平洋戦争は)最初のうちは日本軍が有利で、アメリカ軍などが油断している時は勝っているけど、正攻法では勝ったことがない。私のところの電報で、それが分かる。ガダルカナルの戦いも(同じで)、帰国した曹長から話を聞きましたが、それはひどいものでした。敵と戦おうにも、敵が見えないというんです。艦砲射撃や空爆などで爆弾が雨のように降ってくるため、米兵の姿が見えなかったと」

加藤は戦場で敵と交戦した経験は少ないものの、日々受け取る暗号電報から正しい戦況を知り得ていた。負けると分かっている戦争を遂行する日本軍(上層部)、その命令に従って死ぬのは自分たち兵隊……戦場での死の恐怖と違う、ただただ座して死を待つ日々も言葉にできない恐怖感だったろう。しかも「真実」を他言できないプレッシャーは、加藤に言うに言われぬ孤独と戦友への裏切りを感じさせたのではなかろうか。

敗戦、そして仕事探し

加藤馨は昭和十八(一九四三)年九月二十四日、日本に戻ってきた。

十月一日には埼玉にある航空士官学校に入学した。卒業すると、加藤たち航空通信学科の者は水戸の通信学校で一カ月間補習を受けることになった。士官学校では全般的なことは教えても通信などの専門的なことを学ぶ機会は少ないからだ。

しかしこの措置が、加藤に幸いする。

通信学校の成績が優秀だったことから補習を終えると、加藤はそのまま教官を命じられたのである。以後、加藤が戦地に赴くことは二度となかった。教官になったことで命拾いをすることになったのだ。

昭和二十年八月十五日、加藤は陸軍中尉として日本の敗戦を迎えた。

翌九月には復員し、さっそく仕事探しを始めた。職業軍人だった加藤に十分な蓄えがあるわけでもなく、教官時代に結婚していたため夫婦二人の生活費を稼ぐために働く必要があった。しかしいろいろ探しても、どこも採用してくれなかった。職業紹介所(現在のハローワークに相当)にも何度も通ったが、紹介すらしてもらえなかった。

そんなある日、職業紹介所の所長から加藤に呼び出しがかかる。加藤は、いい就職先が見つかったのかと期待に胸を膨らませて、職業紹介所を訪ねた。

しかし所長は、別室に加藤を招いて意外なことを打ち明けた。

「加藤さん、ここに貼り出すわけにはいかないから貼っていないけれども、じつはあなたのような経歴の人には就職先を斡旋してはならないという(占領軍からの)命令が来ているんだ。職業紹介所のような公的機関は職業軍人に対し就職を斡旋してはならないことになっている。そのような命令が来ている以上は、あなたが何度来ても斡旋するわけにはいかないんですよ。

あとは、何か商売を始めるしかありません」

戦争が終わっても、加藤馨は「日本軍」の束縛から逃れられなかった。

ボロ家で始めた電気店

加藤は覚悟を決めて、商売を始めることにした。

そのとき、彼は「それなら、電気屋をしよう」と思ったという。というのも、戦後、ラジオ（受信機）が人気だったが、当時は配給制で月に数台しか割当がなくすぐに売り切れたため、お客からは修理の需要が高かったからだ。戦時中は故障しても部品がないという理由で修理してもらえなかったラジオが市中にはあふれていたのである。

航空通信学校で通信技術を学んだ加藤にすれば、ラジオなどは無線機と比べたらシンプルな構造の機械に過ぎなかった。当然、彼にはラジオの修理も容易で、技術的な問題を心配することは何もなかった。

とはいえ、復員してきたばかりの加藤には、電気店を開くのに必要な土地も店舗もなかった。購入するにしても手持ち資金が足らず、当面は住まいと店舗を兼ねる賃貸物件を水戸市内で探すしかなかった。しかし水戸市内は、戦時中の空襲で約七割が焼失し、焼け野原の状態であった。満足に住める家自体が不足していたのである。

それでも何とか探し当てても、大家からは「旅の人（県外の人間――筆者註）には貸さない」と断られるのが常であった。いくら「家内は水戸の人間です」と加藤が弁明したところで、受け入れられることはなかった。当時、水戸には県外の人間に対する信用がなかった時代である。

半年以上も探し回ったものの、加藤に「貸してもいい」と言ってくれる家主はとうとう現れなかった。そんななか、加藤にはどうしても気になる物件がひとつあった。表通りに面し、電気店という商売を始めるのに適した場所にあったのだ。ただし難点がひとつあった。それは、建物が柱と屋根だけの「ボロ家」だったことである。

なぜ「ボロ家」かというと、当時の水戸市内では、空き家の羽目板を近所の住民が燃料代わりに使うため一枚、また一枚と剝いで持って帰っていたからである。当然、屋根と柱だけの家を借りる者など誰もいない。しかしそれでも家主は、そんなボロ家でも加藤に貸そうとはしなかった。

だからといって、自分で商売を始める以外に生きる術がなかった加藤も、そうそう簡単に諦めるわけにはいかなかった。結局、家主のもとへ二十回以上も通い詰めることになるのだが、その都度、タオルを一本、石鹸を一個などと必ず手土産を持参した。当時は物資のない時代、加藤にそれほど余裕があったわけではない。妻の実家から譲ってもらったものを持っていくのである。やがて二十八歳の加藤と六十八歳の家主は、世間話程度をするまでになった。

そこで加藤は、家主にひとつ提案をした。

「家主は私が借りたい家の周囲に別に四軒の貸家を持っていました。その家賃は三十円でした。それで私は『七十円で借りましょう、家の修繕もすべて私がしましょう』と言ったんです。それで貸してくれることになった」

貸家の修繕といっても、羽目板や畳を入れるなどしてどうにか住めるようにしただけだったが、それでも三万五千円ほどかかった。その費用は妻の実家と加藤の兄からの借金で賄われた。

探し始めて一年半後の昭和二十二(一九四七)年三月六日、加藤馨は水戸市内に十二坪の家屋を借り、そこで三坪(約一〇平方メートル)の店舗を開いた。ラジオ(受信機)の販売・修理を目的とする個人商店「加藤電機商会」である。

それにしても、借り手の足元を見るやり方に加藤は不満ではなかったのだろうか。いくらなんでも法外な家賃と負担だと思うのだが。

そうした私の疑問に対し、加藤は笑みを浮かべながら、こう答えた。

「いいえ。ボロ家で私がたくさん家賃を払うと言ったから、大家さんも仕方なく貸してくれたんです。でもその家で商売を始めて高い家賃や経費以上の利益を得ることが出来ました。そしていま（大手家電量販店に成長したこと）があるのです。それも貸してくれたから、出来たんです。大家さんにも感謝しています。それで四年三カ月住みましたが、その間に一度も家賃の値上げはありませんでした」

加藤の性格もあるだろうが、生きて戦場から戻ってきた兵士には「自分だけ」が助かったという一種の後ろめたさを感じる人が少なくない。それゆえ、他人を押しのけてまで利益を得るとか、自分だけが良い思いをしたいとは思わないのかも知れない。加藤の場合は、あまりにも商売っ気がないように私が感じたのもそのためであろう。

開業前に長男・修一が生まれ、加藤が「家族三人が生活できればいい」という思いだけで必死だったというのも頷ける。

明朗会計と無料修理

加藤電機商会は、すぐに繁盛店になった。

その理由のひとつは、修理代を請求するさい、明朗会計に徹したことである。

たとえば、ラジオの修理代は電気店が口頭で「いくらです」と言えば、それが適正な価格と見なされた時代であった。お客は黙って言われた金額を支払った。当然、電気屋によって修理代金に差が生まれた。つまり、お客にすれば、修理代金が適正か否かを判断する術を与えられていなかったのだ。それに対し加藤は、部品代と自分の手間賃などの明細を書いた伝票と、取り替えた古い部品も一緒にお客に渡すようにした。

明細伝票で請求するやり方は、多くのお客に好評だった。格別宣伝したわけではなかったが、加藤電機商会の明朗会計は口コミで広がり、まもなくラジオの修理依頼が殺到するようになる。月に平均七十台の修理依頼があり、月商は約七千円にも上った。親子三人の生活費が月に三千円だったから、加藤家の暮らしは楽になっていく。

もうひとつは、無料修理のサービスである。

ラジオ修理は持ち込みが普通だったが、なかには自宅での修理を希望するお客もいた。そんなとき、加藤はお客の自宅まで出向くのだが、ラジオの修理が終わると、必ず「他にも修理が必要なものがあれば、ひとつはタダで直しますよ」と申し出たのだった。お客の要望で多かったのは、傷ついたアイロンのコードやアイロン自体の修理だった。この無料修理のサービスは、お客から大好評を博した。

わざわざお客の自宅まで出向くのだから、二回目の修理も有料にすれば、電気店にとって効率の良い商売になるし、お客にしても二度手間が省けることになるから好ましいのではないか——という疑問が浮かんだので、加藤に訊ねた。

すると、加藤は「タダだから、喜んでもらえる」のだという。

「ラジオの修理代しか考えていなかったのに、話の流れで他の修理も頼み余分に修理代を払うことになったら、お客さんには何かしらの不満は残るでしょう。そうしたら、また修理など次の仕事を頼んでくれるでしょうか。タダで修理して『本当に助かった』とお客さんが親切な店だと信用してくれれば、次からも頼んでくれるでしょうし、途絶えることなく商売は続くと思ったんです」

加藤の人柄と顧客の利益を第一に考える商売で、加藤電機商会は順調に業績を伸ばし、昭和二十六(一九五一)年六月、加藤は八坪の店舗と十坪の住居からなる新居を建て、引っ越した。貸家生活から脱し、自分の店と住まいを持ったのである。

ナショナルショップから混売店へ

新しい店は加藤の変わらぬ誠実な商売でますます繁盛し、夫婦ふたりでは対応するにはもはや限界であった。そこで、加藤は職業安定所に二名の求人を出した。しかしその後も商売は順調に推移したため、ふたりでも足らなくなり、四名に、四名から六名へと増えていった。そしてもっと優秀な人材を求めて、加藤電機商会は昭和三十(一九五五)年十月、個人商店から法人組織、有限会社に改めたのだった。

昭和三十年から日本は「電化時代」「家電ブーム」を迎え、家電メーカー各社は電気掃除機や電気洗濯機、電気冷蔵庫、白黒テレビなど新製品を次々と市場へ送り出した。そしてそれを確実に売るために、町の電気店の「系列化」を強化したのだった。つまり、それまで各メーカーの家電製品を販売していた店(混売店)から契約した一メーカーの製品だけを販売する店(専売店)を増やしていったのだ。

加藤馨は、日本中が東京オリンピックで沸いた昭和三十九(一九六四)年、それまでの店舗・住居を三階建ての鉄筋コンクリートに立て替え、売場面積を八坪から四十五坪へと大幅に拡大している。そしてそれを機に、松下電器の系列店網に加わり、「ナショナルショップ」に衣替えをした。加藤が松下を選んだのは、系列店に対する待遇が他社よりも優れていたことだった。さらに「販売の松下」と畏怖されたように、松下の販売力は一時は五万店の系列店網を抱えるほど強大であった。

ナショナルショップになってからも加藤電機商会の商売は相変わらず好調で、創業以来からの「増収増益」は堅持していた。しかし加藤は、松下の系列店政策に疑問を抱くようになっていく。たとえば、水戸市内に限ってもナショナル商品を購入している一般消費者は五〇パーセント程度で、残りは他社製品を購入していた。ならば、加藤の店ではどこのメーカーの製品でも買えるようにしたら、ナショナル以外のお客さんが増えるのではないかと考えたのである。つまり、専売店ではなく混売店のほうが加藤電機商会にとって、将来性があるのではないかと思うようになったのである。

さらに、そのような加藤の考えの背中を押したのは、昭和四十年代に入るとスーパーなどの大型店舗やディスカウントショップが家電製品を扱うようになったことである。しかもメーカー各社の家電製品を安売りするため、小さな家電の専売店では立ち向かえなくなりつつあった。実際、水戸市内でも総合スーパーのダイエーなど大手小売業の出店が相次いでいた。

株式会社カトーデンキ

もちろん、松下電器は大反対である。

加藤電機商会は水戸のナショナルショップの中でも有力店に数えられるようになっており、その影響の大きさを考えるなら混売は認められなかった。しかし加藤は松下の反対を押し切って、昭和四十二(一九六七)年の秋には混売店へ転換した。そのころ、加藤電機商会は年商一億円、従業員は三十名程度の会社であった。

以降も増収増益の順調な経営は続き、加藤電機商会は昭和四十八年に有限会社から株式会社に改組し「株式会社カトーデンキ」になる。そして七年後には、水戸市内に六店舗を構える、従業員数約五十名の地場の有力な家電量販店に成長した。

まさに優良企業の見本のような成長だが、それでも加藤馨には気がかりなことがひとつあった。それは、優秀な従業員ほど辞めていき、その後もあまり恵まれていないことである。当時は地域の電気店では、入社十年ほどしたら退職金を元手に独立していくのが一般的だった。いつまでも従業員の暮らしを続けていても、将来に希望を見出せるわけではなかった。それゆえ、優秀な従業員ほど早めに独立していった。カトーデンキでは、昭和五十五年頃には退社した社員は十三名にも達していた。

そうした従業員の退社・独立が後を絶たないのは、家電メーカーが系列店を増やすために彼らの独立を積極的にサポートした面もあった。

加藤馨は、かつての従業員たちの不幸なその後を憂う。

「私の目から見て、成功したのは十三名のうち一人か二人でしたね。二年以内に半分がダメになり、残りは暮らしていくのが精一杯という状態でした。でも私は、失敗は本人の努力が足らないからとか、才能がなかったからとか、資金が足らなかったからだとかは思いません。もはや『パパ・ママ・ストア』(夫婦で営む小さな電気店)では、商売はやっていけない時代になっていたんです。店舗規模の大きな店が多くなっていて、とてもパパ・ママ・ストアでは太刀打ちできません。私の店も(当時は)それほど大きくありませんでしたが、それでも従業員は五十名程度いました。だから、独立してもやっていけない状況があるのに、せっかく十年もかけて技術や商売を覚えたのに辞めていくのは本当に気の毒だと思いました」

そして加藤は、ひとつの妙案に辿り着く。

定年まで働いたら財産ができる組織に

「十年勤めて熟練したら独立するのではなく、ここカトーデンキで定年まで働いたら財産ができる、(会社を)そういう組織にすることです。でも財産と呼べるような高額な退職金を考えたら、(会社として)その費用を積み立てていくのは大変なことだったんです。そこで、社員に株を持ってもらうことから始めることにしたんです。会社の出資者になってもらい、その頃は儲かっていましたので年三割の配当を行い、その配当金を増資の際には購入資金に回していけば、退職の頃には（売却益が）五千万円くらいにはなっているのではと考えたのです」

しかし問題は、従業員が会社の株を買う資金を持っているか、あるいは自分の預貯金を下ろしてまで購入する意思があるか、である。だいたい、そんなことを考える従業員がいるかも疑問である。

そこで加藤の子息で、跡継ぎとして代表取締役専務を務めていた修一は父・馨との相談の結果、従業員にいったん会社を辞めてもらい、その退職金を株の購入資金に充ててもらうことにした、という。もっと正確に言えば、新しく設立する会社の株を購入してもらうのである。

それまでのカトーデンキ（旧会社）を店舗や土地、設備を保有する不動産管理会社に切り替え、新会社は旧会社からそれらをレンタルして営業（家電販売）専門の会社にするというものである。もちろん、それらは書類上の変化であって、従業員の日常に変化があったわけではない。

社員の出資総額が一千百二十五万円になったところで、同額を加藤馨ら加藤の親族も出資して、昭和五十五（一九八〇）年九月に資本金二千二百五十万円の「カトーデンキ販売株式会社」が設立される。それにしても、創業者一族が自らの経営権を放棄する必要があるのだろうか。むしろ経営責任を負うという意味では、最低でも五一パーセントの株を創業者一族で保有すべきではないか。

そんな私の疑問に対し、加藤は持論を展開した。

「私は(出資額が)同じでいいと思いました。初めからこちら(加藤一族)が株式を多く持つと、経営に対する支配権が強くなってしまうでしょう。そうじゃなくて、従業員のみなさんの考えも(経営に)反映させるため出資比率を同じにしたんですから。企業は自分(創業者)のものではなく、そこで働く社長以下全員のものなんです。そういうことで、みんなが幸せになることが重要だと思うのです。そういう考えを、私はずっと持っていましたから同じでいいんです」

上官の命令には絶対服従、そして日常的に暴力が支配した日本陸軍の職業軍人であった加藤にとって、カトーデンキ販売はまさに正反対の組織である。戦争体験からくるトラウマ、反省からなのか。加藤馨は、個人の尊厳と個人の自由意思を尊重する働き方を実践しようとする新しい経営者のように思えた。

東証一部上場を実現

カトーデンキ販売設立から二年後、馨は会長に退き、社長には長男の修一が就任した。その修一は新会社設立のさい、その意義を社員にこう説明したという。

「これからは、社員のみなさんが働いて会社にもたらした儲けの半分は、(出資によって)だいたいみなさんのものになるようなものなんです」

さらに修一は、社員が株主になった効果をこう振り返る。

「初年度の利益が六千万円とけっこう出たんです。ところが、翌年は一億一千三百万円と倍になりました。さらに翌年も倍。その後は、一・五倍のペースで伸びていきました。こういう風にどんどん伸びていけば、社員に『頑張れ』なんて言う必要はないわけです。利益を出せば、それが自分のものになるので、(上司から)言われなくても社員が自ら進んで働くようになった気がします」

そしてカトーデンキ販売の快進撃は、副産物を生んだ。

証券会社から上場を打診されたのである。その準備のため、まずカトーデンキ販売が不動産管理会社のカトーデンキを吸収合併して資本金を一億円にした。というのも、上場するさい、創業家が保有する株式を市場に放出することで株の売買を成立させるものだが、社員と半々の持株にしていたため創業者一族の保有する株が十分でなかったからだ。

昭和六十三(一九八八)年四月、カトーデンキは株式を日本証券業協会に店頭登録(店頭上場)した。そして平成十三(二〇〇一)年には東証二部、翌年には東証一部上場を果たすのである。合併した新会社「カトーデンキ」が変わらず増収増益を続け、業績を順調に伸ばしてきた結果であった。

「がんばらない経営」

では加藤馨が掲げた当初の目的「定年まで働いたら財産ができる」は、果たして実現できたのであろうか。

社長として東証一部上場を実現した修一は、平成二十一（二〇〇九）年当時、私の質問に対し、こう胸を張った。

「会社（カトーデンキ販売）を作ったとき、社員の中で一番大きな出資額は百万円でした。その方はすでに退職されていますが、退職時の持ち株の評価額は八億円でした。百万円が八億円になっていたわけです。その人は株を売らずにいまも保有されていますが、毎年の配当金の総額は勤務していた時の年収分ぐらいです」

たしかに、定年まで勤めあげたら「財産ができる」会社になっていた。それが可能だったのは、会社は「そこで働く社長以下全員のもの」という創業者・加藤馨の信念のもと、経営陣と社員が一体となって働いてきたからであろう。

加藤馨は、六十五歳を目前に、社長の椅子を三十五歳だった専務の修一に譲っている。その理由を、こう語る。

「一般的な定年が六十歳でしょう。いくら社長でも六十五歳になると、体力的にうまくいかなくなってくるんですよ。それで六十五歳になったとき、社長（修一）は三十五歳とまだ若かったけど、譲ったんですよ。そうしたら、周りの人から『あの若い息子に社長を譲ってしまって、（会社は）大丈夫か』とよく言われましたよ」

社内にも若すぎる社長の誕生に反発した人たちがいた。彼らは、馨と苦楽を共にしてきた古参の幹部たちだった。その一部は、修一との対立から会社を辞めて行った。しかし馨は、彼らを引き留めようとはしなかった。

「まあ、仕方がないと思ったね。もう私は社長じゃなかったし、（社長の）息子を信じるしかなかった」

と、馨は言葉少なく気持ちを語った。

長男の修一の時代を迎え、カトーデンキは躍進を続ける。

社名もカトーデンキからケーズデンキへ変更し、現在はケーズホールディングスになっている。そして加藤修一も経営の第一線から退き、ケーズホールディングスは現在、会長も社長も加藤一族とはまったく関係ない。加藤馨が当初から主張していたように、ケーズは「そこで働く社長以下全員のもの」になったようだ。

しかし加藤馨の創業者精神というか、経営理念は現在のケーズホールディングスの経営にも引き継がれている。社員にノルマを課さないし、売上げ目標を掲げても達成できなかったからといって何らかのペナルティがあるわけではない。あくまで社員の自主性を重んじ、格別なことをしなくても普通に働いて利益がでる会社を目指している。つまり、定年まで勤めて財産が出来る会社である。それを「がんばらない経営」と呼んでいる。

業界トップを目指すのではなく会社が長く続く経営を目指しているから、無理をして数字(売上高)を作らせるようなことはしない。そんなことをすれば、そのツケは必ず後から回ってくるからだ。かつて家電量販店業界トップだった企業、たとえばコジマ(電機)やベスト電器などはいまではケーズよりも売上高のシェアではランクは下位にあるし、両社とも他社に買収されている。

個人の尊厳と自由意思を尊重した人生

加藤馨との最後のインタビューは、平成二十一(二〇〇九)年十月二十八日である。昼下がりの自宅で、成功の秘密をこう語った。

「私は商売を始めて六十二年以上になりますが、一番大切なのは信用なんです。その信用を得るためには親切と愛情です。でも親切だけではダメなんです。お客さんに親切にしても愛情がないとお客さんは信用しないんです。愛情とはお客さんのためになるように考えることです。たとえば、お客さんが十万円の商品を買うつもりで店に来たけど、いろいろ話を聞いているうちに九万円で済むことが分かった。そのとき、店員が九万円を勧めれば、お客さんは感謝してまた買い物に来てくれます。店からすれば、一万円の損ですよね。でもそれでいいんです。いっとき損をしても、また買い物に来てくれるでしょう。商売は一回で終わりではないんです。そうするとだんだん懇意になって信用してくれるようになります。人間社会では、信用が第一ですから。その信用を得る方法が『親切と愛情を持って』接することなんです。私が一店舗で商売をしていた時も、毎年売上げが増えました。それは、お客さんが『買い物をするならカトーデンキがいいよ』と言ってくれるからです。それが、信用力なんです。だからメーカーの売上げが落ちても、うちは下がらなかった」

一度は職業軍人の道を選んだ加藤馨がラジオの修理業という一般消費者相手の商売を始めたことは、偶然ではなく必然だったのかも知れない。その後の彼の歩みは、個人の尊厳と自由意思をどこまでも尊重した人生だったからだ。加藤馨は二〇一六年三月十九日、永眠した。最後のインタビューは「酒と煙草をやらないから長生きをしている。九十二歳にもなって長く生き過ぎたと思っています」という馨の言葉で終わっている。

加藤馨、享年百。

第三章　戦友の死が与えた「生かされている」人生

塚本幸一

ワコール会長の神がかり的な発言

何度かのインタビューを経た、ある日のことだった。

いつものように応接室で私は、ワコール創業者の塚本幸一（当時・会長）が席に着くのを待っていた。しかしその日は、いつもと少し違っていた。顔を見せた塚本は椅子に座るなり、左手を私の前に突きだし、こう言ったのだった。

「私は、生きているのではなく生かされているのです。ほら、腕時計もしていないでしょう。生かされているから、時間を気にすることもない。私の時間の管理は、私の秘書がしてくれています。それに従えば、いいのです」

塚本の予期せぬ切り出しに私は困惑し、どう対応すればいいか分からなかった。塚本が戦争体験者であることは知っていたが、もともとの取材は彼の跡を継いで二代目社長に就任した長男の能交《よしかた》の評価に関してであった。それをキッカケに「ワコール物語」を書きたいと思い取材を続けていたものの、あくまでも戦後の話であって戦時中について言及するかどうかはまだ決めていなかった。

そして塚本は問わず語りに、戦争体験を話し始めたのだった。

「(所属した小隊の)五十五名の戦友のうち私を含む三名だけが生き残った。これはどう考えても、自分に特別な能力や体力があって、自分だけの力で生き残れたとは思えない。結局、五十二人の戦友の犠牲のうえに、神仏、社会、国家、そういった自分以外の何かの力によって自分は生かされているのだと思うようになったのです。そう考えない限り、自分の生還の理由が理解できません。であるならば、これからの自分の人生は生かされた人生であって、自分個人だけのものではない。敗戦後の日本が再建のために、自分を必要として生かしてくれたんだ。だから、私はその期待に応えようと思った。日本に帰る復員船の中で、自分で感じたものが、戦後の私の考えの根本、すべてだと言ってもいいと思います」

あまりにも神がかり的な塚本の発言を聞いて、私はさらに途方に暮れた。しかもそのとき、私には塚本の戦争体験についての知識はほとんどなかった。しかし戦争体験が起業と密接に繋がっているのなら、ワコールの原点もそこにあるのかも知れないと思った。

そんなことを考えていると、塚本は戦友と歩哨に立った時の「偶然」に触れた。

塚本によれば、塹壕の中から敵の様子を窺っていると、たまたま塚本が足元の何かを拾おうと屈んだとき、敵の銃弾が並んでいた友人の顔を打ち抜いたというのだ。そのとき、自分が死んでもおかしくなかったのだと。この思いもまた、戦地から無事帰国した者たちが持つ「自分だけが助かった」という後ろめたさなのであろうか。

私は「戦争体験」という視点からワコールという企業を、もう一度捉え直すことにした。そうするとワコールを創業したのは塚本幸一だが、創業の頃から塚本を支えたふたりの同級生にも「戦争」に翻弄された人生があることが分かった。

「絶対に商人になる」

塚本幸一は、大正九(一九二〇)年九月十七日、宮城県仙台市で生まれた。自宅近くには水のきれいな広瀬川が流れ、夏になると河鹿が鳴いた。川向こうには青葉山が見えた。翌年十月には、妹の富佐子が生まれている。

父・粂次郎は仙台市に本拠を構える塚本商店に勤務していた。塚本商店は奥羽地方一帯を商圏とする繊維製品の地方卸商で、その勢いは同業者を圧倒し、地元で豪商として君臨した。しかし塚本商店を経営するのは粂次郎の伯父で、彼の住まいは滋賀県神崎郡五個荘町(現・東近江市)にあった。その西側には近江八幡市が隣接している。つまり、伯父は近江商人で、仙台の塚本商店は出店なのである。

塚本幸一の母・信の実家は近江八幡市で庄屋や村長を務めた旧家で、岡田伝左衛門の三女として生まれた。

塚本商店では粂次郎は商才を発揮し存在感を高めたものの、本家との不和から仙台を去ることになった。昭和五（一九三〇）年、粂次郎は京都の北野神社近くに繊維製品の卸問屋「嘉納屋商店」を起業する。夫婦ふたりで始めた商売であった。

粂次郎は一カ月のうち二十日間はサンプルを持って出張する。旅先から注文伝票が届くと、まだ商品を大量に仕入れる資金力がなく自社製品を持たない嘉納屋商店では、妻の信が仕入れ先に出荷を依頼し、仕入帳に記入した。そして原価で書き入れた仕切書を相手先に郵送するのである。商売経験のまったくない信が、帳面をはじめ営業以外の仕事全部を取り仕切った。

そんな両親の働く後ろ姿を見て、一人息子の幸一は京都時代を過ごしたのである。両親を支えていたのは「本家を必ず見返してやる」という執念だったろう。だからこそ、信は幼い頃から幸一に対し「早く大きくなって、お父さんを助けてあげて。そして本家を見返しておくれ」と繰り返し、哀願したのである。

塚本幸一は、母の切なる願いに応えるため「絶対に商人になる」と心に決め、京都の小学校を卒業すると、母の郷里でもある、近江商人発祥の地・近江八幡市にある滋賀県立八幡商業に進学したのだった。

「近江商人の士官学校」での出会い

八幡商業は評論家の大宅壮一が「近江商人の士官学校」と呼んだように、実践教育を旨とし、社会に多くの実業家を輩出した学校である。伊藤忠商事の創設者の伊藤忠兵衛を始め寝具で有名な「西川」の西川甚五郎、元日本生命保険会長の川瀬源太郎なども八幡商業の出身である。塚本の二年後輩には、元総理の宇野宗佑がいる。

その八幡商業で、塚本は創業の頃から自分を支えることになる二人の同級生と出会う。ひとりは営業全般を担当した川口郁雄(元副社長)で、もうひとりが財務全体の責任者だった中村伊一(元副社長)である。

川口と中村の二人とも、地元・八幡町の出身である。二人は八幡小学校の六年間を同級生として過ごしたが、とりたてて親しい間柄ではなかった。というのも、同じ町に住んでいたとはいえ、二人の自宅は町の東部と西部にあってかなり離れていたため、幼少の頃も小学校時代もほとんど一緒に遊ぶことはなかったからだ。

川口は大正九(一九二〇)年十月十六日、中村は同年四月七日に生まれている。塚本が同年の九月十七日生まれだから、年齢順でいえば、年長は中村、次に塚本、一番下が川口となる。

中村伊一

中村家は代々農家で、中村の父親は彼が小学校一年生の時に急逝した。それ以降は、中村家では母親が働き手の中心になり、中村伊一は祖母と生まれたばかりの妹の四人暮らしの中で育った。その頃の小学校卒業後の中等教育は、高校・大学へと進学する中等学校、そして商業学校や工業学校などの実用面を重んじた専門の職業学校から成っていた。中等学校の数は現在の大学よりもはるかに少なく、進学できる人間も限られていた。いわば、エリートコースの学校であった。

中村伊一

中村が通った八幡小学校の同級生百五十名のうち中等学校に進学できたものは、二十名にも満たなかった。近所の村の小学校となると、その数はもっと少なく一人か二人であった。もちろん職業学校も狭き門で、小学校を卒業すると多くは就職していった。就職と言っても、店に住み込みで働く、いわゆる丁稚（奉公）である。

中村家で唯一人の男子として、中村も小学校を卒業すると働きに出るつもりでいた。

「僕も幼い頃に父親が死んでおるし、早く就職して母親を助けなければ、何とかしなければと子供心に思っていた。いつまでも遊んで食っておられる身分じゃなかったからね」

そう、中村は述懐する。

ところが、中村の成績は優秀で、つねにトップクラスにいた。そのため、母も祖母も中村の将来を考えて「この子をお医者さんにしたらどうやろうか」と話し合ったものだったが、医者になるには中学、高校、大学への進学が必要でその費用を負担できる経済力は中村家にはなかったため、いつの間にか立ち消えになっていた。

しかし家庭の事情を別にして、向学心に富んだ中村伊一の心は学年が進むにつれ、上級学校への進学へと傾いていったのだった。家庭の事情を考えたら、就職するしかないことぐらいは中村にも十分に分かっていた。それでもなお、中村は進学したいという思いを諦められなかった。そして進学を考えるなら、中村家への経済的な負担を最小限にする上級学校は、自宅から通学できる地元の「八幡商業」しかなかった。

その時の思いを、中村はこう語る。

「商業学校くらいなら、僕も行きたいなとやっぱり思うたよ。何とはなしだけども、それはまあ、入りたいわな」

中村は意を決して、母親に進学の希望を伝えた。

母親は父親の遺産とその後の蓄えを考え、商業学校五年間の費用を捻出できると判断して中村の進学を許した。中村は塚本のように「商人になりたい」と思って八幡商業を選んだわけではなかった。彼の向学心に応える上級学校が、消去法の結果、八幡商業しか残らなかっただけだったのだ。

川口郁雄

川口家が近江八幡に落ち着いたのは曾祖父の代からである。祖父の代は米屋を営む一方で、所有していた竹藪で筍を採っては商いにしていた。父の代になると、それに麦の取引が加わった。ただし商いにしていた麦は、火で焦がし膨らませたものだ。その麦を米に混ぜて炊けば、ご飯の量が増える。貧しい時代の庶民の知恵である。

川口郁雄は九人兄弟の三男として生まれた。しかし次男が夭逝したため、次男として育てられている。母親は、そんな彼を猫可愛がりした。

その辺の事情を、川口はこう話す。

川口郁雄

「長男が八幡町でも有名な不良でね。あまり悪さがひどいので、母親がしょっちゅう怒っては泣いていました。そのぶん、母親は僕に愛情を注いだわけです。すると、兄貴がよけい反発しよる。だから僕は、そんな兄貴の姿を見て『兄貴のようになったら、いかん』と萎縮してしまった。小学校の低学年の頃のことですが、子供心に自分の行動を自粛したわけです。兄貴への反発もあって、僕は争いを好まない性格の子供になりました。だから、殴られても殴られっぱなしで、小学校の頃は本当によく苛められました」

川口の父親は口数の少ない、誠実な人間だった。他人から騙されても他人を騙すようなことはしなかった。ある意味、商人特有の押しの強さを持たない人でもあった。現在の彦根市から嫁いできた母親の性格も、誠実で控えめであった。

父親は商人の家だからといって、川口に特別な躾けをしたり、家訓めいたことを言って聞かせることもなかった。いわば、川口家は自由放任主義だったと言ってもよかった。

そんな両親のもとで、川口は何事も自分で決めて行動するようになった。たとえば、八幡商業卒業後の就職先のことでも両親に何の相談もすることなく自分で決めている。ただし一度だけ、自分の進路に関して父親に相談したことがあった。それは、八幡商業へ進学したいと打ち明けたことである。川口もまた、祖父や父親と同じように「商人」として、将来は独立したいと考えたのだった。

川口の希望に対し、寡黙な父親はぽつりと言った。

「これからの世の中は、商業学校くらいは出とった方がいいだろう」

川口は八幡商業に進学するが、兄弟の中で小学校卒業後、上級学校へ進んだのは彼ひとりだけだった。その理由を、彼は「家が貧しかったから」とだけしか言わない。

八幡商業時代の三人

塚本幸一と中村伊一、川口郁雄の三人は同級生として八幡商業時代の五年間を過ごすものの、互いを友人と呼び合えるほど親しい間柄になることはなかった。むしろ三人とも、互いに肌合いの違うものを感じていた。

中村には、八幡商業で過ごした日々の中で、昨日のことのように覚えているシーンがある。それは、入学式当日のことだった。

「八幡商業に入ってくるのは八幡町とか、もっと奥まった田舎の小学校を出た連中がほとんどでした。みんなモサっとした、要は田舎者や。そういう中で一人だけ、アカ抜けした都会風の同級生がいたんや。洋服姿の、何やえらいスマートな奴がいたんや」

着物姿で通う学生が珍しくない当時、野暮ったい同級生に交じって洒落た洋服を着たその同級生の所作までが、中村には何か新鮮に感じられた。その時の強烈な印象が、ずっと中村の心を摑んで放さないのだ。

そのアカ抜けした同級生こそ、入学式当日の塚本幸一の姿である。

塚本は入学前までは両親と京都で暮らしていたので、中村が彼に都会の香りを感じたとしても何ら不思議ではない。しかも祖父、父親と二代続いてお茶屋遊びに興じた粋人だったことから、その血筋なのか塚本はもともと人一倍お洒落であった。だから、学生服でも少し光るようにしたり、ズボンの幅を水兵のそれを真似て広くしたりなど、同級生たちの服装と違うように細工するのである。なお八幡商業時代の塚本は、母の実家に寄宿しそこから通っていた。

川口郁雄は引っ込み思案な性格、気の弱いところを直そうと柔道部に入った。柔道を習えば、喧嘩も少しは強くなるのではという川口なりの思惑もあった。八幡商業時代、川口は柔道漬けの毎日を送る。日々の練習以外にも、夏には夏季練習があったし、冬には寒稽古が待っていた。

夏休みになると、柔道部の顧問は自分の出身学校である武道専門学校の後輩を招いては、川口たち柔道部員に稽古をつけさせた。武専の学生は三段か四段なので、初段が最高位の柔道部員にとって敵う相手ではなかった。

「だからね、僕がなんぼ初段でも三段には絶対に勝てんですわ。現役の場合、一段違えば歯が立たないですよ。だから、よく首を絞められて何度落ちたか分からへん。でもこれで僕は、自分よりも強いヤツがいるんだということが分かったし、忍耐力も養ったと思う」

川口は、そう述懐する。

激しい練習の日々に、七十数名もいた柔道部の新入部員は次々と辞めていき、卒業の頃には七名にまで減っていた。もちろん、七名のうちのひとりは川口である。厳しい練習に耐えた川口は、めきめきと実力をつけていった。校内の柔道大会で二十数名をごぼう抜きして優勝したこともあった。

柔道ひと筋の厳しい学校生活は、川口を鍛え逞しくした。身体が頑健になったのは当然のことだが、眼光も鋭く厳しい顔つきに変わった。そのため上級生までもが、川口を避けて通るようになった。そして内向的だった性格は、攻撃的なものに変わった。

その頃の生活を、川口はこう語った。

「同級生から上級生・下級生かまわず殴って、三日間の停学処分をくろうたですよ。その停学中に町へ出て、また下級生をひとり殴ったんですよ。八幡町は当時の人口が八千人くらいの小さな町でしょう。そのことがすぐに分かって、(殴られた下級生の)親が学校へ『私の息子が殴られました』と届けたわけです。それで停学中に停学の追加や。三日間が一週間の停学処分になってしもうた」

そんな川口の姿は、塚本の目にはどのように映ったであろうか。

塚本には寒稽古のたびに黒帯姿の川口に何度も投げられた思い出がある。いくら向かっていっても平気で投げ飛ばすという強いイメージが川口にはあった。

「(川口は)なんとなく不気味な、恐ろしい存在でした。黒帯を締めて、汗の滲んだどす黒い柔道着姿は、私には近寄りがたい存在でした」

ラブレター事件

他方、川口は塚本に対し、あまり良い印象を持っていなかった。

「塚本はハンサム・ボーイで、女学生にはもてましたね。しかも弁論部にいましたから、弁が立ちました。話は上手でしたね。ただ私には、八幡商業時代の塚本は何や猜疑心の強いヤツだったなという印象しかありません。それに僕は硬派でしたから、軟派の彼とは一緒に遊ぶようなこともありませんでしたしね」

川口が塚本を「軟派」と呼ぶことには、それなりの理由があった。

八幡商業は男子校で、全国の府県立の商業学校の中で一番古い歴史を持っていた。その校風も教師には停止敬礼、上級生には敬礼の剛健さで服装は弊衣破帽という、いわゆるバンカラであった。とくに上下関係の区別は厳しく、上級生による下級生のリンチも珍しくなかった。

塚本に限らず八幡商業の学生が相手を探す場合、伝統的に八幡女学校の女学生が対象となった。そして鼻筋の通った色白の美少年だった塚本は、女学生の人気の的だった。そして塚本が心を寄せた女学生は「八幡女学校のマドンナ」と呼ばれた美人であった。そのマドンナにラブレターを出して彼女のハートを射止めるのだ。塚本が三年生の時である。

その後、塚本の同級生がマドンナの同級生に恋をして相談に訪れるということがあった。当時は中国大陸での戦火が激しくなり、国内も戦時色が濃くなっていた頃で、町中を女性と一緒に歩いたり、またラブレターを出すなどは言語道断だった。もし見つかれば、タダではすまなかった。

塚本は一計を案じ、同級生にマドンナの名前でラブレターを出すことを提案した。そうすれば、女性からの手紙なので問題なく相手に届くと考えたのである。同級生はすぐに実行に移すが、いくら女性の名前を使っても封書は男文字で書いてある。結局、相手の両親に見つかってしまう。そして名前を使われたマドンナの両親にも事の顚末が知らされたため、塚本のラブレターも見つかってしまうのだ。

これが、有名な「ラブレター事件」である。

同級生は退学、塚本には一週間の停学処分が下される。狭い町だから、塚本のラブレター事件は誰もが知ることになった。川口が塚本を「軟派」と呼ぶのは、当時の時代風潮からしても自然なことである。

塚本が「軟派」で川口が「硬派」なら、中村は川口にとってどんな存在だったのであろうか。「中村は、これはもう秀才でした。勉強ばっかりしておった。コツコツ(と勉強を)やる努力家で、成績はつねに(全校で)五番以内です」

中村自身は「僕は川口と違って、弱い方の柔道部やった」と謙遜するが、川口と一緒に最後の七名に名を連ねたわけだから立派なものだと思う。

八幡商業時代の三人は、まさに三者三様で性格も生活スタイルもまったく違う、交わることのない別の世界でそれぞれの学生生活を送ったのだった。

卒業後の進路

八幡商業を卒業すると、ほとんどの学生は近江商人になるべく就職していく。その後、自主・独立の精神を学んだ彼らは「鶏口となるも牛後となるなかれ」の喩え通りに独立を目指す。塚本幸一や中村伊一、川口郁雄の三人の卒業後の進路も就職だった。塚本は父親の嘉納屋商店を手伝い、一日も早く本家を見返すべく大きな店にすることが目標だった。川口は将来の独立を見越して、早く商売を身につけるための修業を兼ねた就職であった。中村も、ひとりで家計を支えている母親を助けるためには、何とか良い勤め先を見つけるつもりだった。

しかし中村には、上級学校進学の扉が開く。

中村が就職先を決める五年生のとき、勤務地のインドのボンベイ（現・ムンバイ）から帰国した従兄弟が中村家を訪ねてきて、彼に大学への進学を強く勧めたのだ。しかも従兄弟は、学費などの費用はすべて自分が持つと申し出たのだった。

「僕は八幡商業の在学中に父親が亡くなったので、高商（高等商業学校）に行きたかったけれども行けなかった。だけども、お前は上級学校へ、せめて高商ぐらいは行きなさい。学費ぐらいは僕が出してあげるから」

八幡商業OBの従兄弟は当時、大阪の繊維商社「東洋棉花」(のちのトーメン)に勤務していたが、入社してみると同期はほとんどが大学出身者だった。優秀な大卒者に囲まれた自分の将来などは、すでに見えていた。やはり、商業学校卒業程度では……という思いが募っていく毎日であった。そんな自分の思いを成績優秀な従兄弟、つまり中村にはさせたくないと考えたのである。

もともと向学心の強い中村伊一にとって、従兄弟の申し出に異論があろうはずはなく、さっそく進学できる学校を探した。しかし八幡商業は専門学校で上級学校への進学を前提とした教育施設ではなかった。カリキュラムも当然、一般科目よりも専門科目を重視したものになっていた。具体的にいえば、大学受験に必要な幾何や代数などの数学や物理、化学も苦手にしていた。受験勉強のために一年間浪人するという方法もあったが、確実に中学校卒業者と競争して勝てるという確証はなかった。リスクが高すぎると考えた中村は、次善の策として高等商業学校への進学に切り替えるのだった。

高等商業学校なら商業学校で勉強したことが受験でも役立つし、英語や国語、漢文などの受験科目には自信があった。

「全国の高商の中でも横浜高商(現・横浜国立大学)がトップや。滋賀県の彦根高商なら生家からも近いし、通えんこともない。一時は彦根を受けようとも思ったけど、調べてみると次のランクの学校だった。それで、同じ行くならトップの横浜高商に行こうと思ったんや」

中村は入試倍率十倍の難関を突破し、横浜高等商業学校に合格した。

昭和十四（一九三九）年三月、塚本幸一、中村伊一、川口郁雄の三人は八幡商業を卒業した。ただし中村は、首席での卒業であった。

塚本幸一は父親が経営する嘉納屋商店を手伝うつもりでいたが、父親の考えは違った。彼の持論は「一度他人のメシを食ってこなければ、一人前の近江商人にはなれない」というもので、それゆえに幸一には大阪の繊維問屋の就職試験を受けることを強く勧めたのだった。

しかし塚本は、就職試験で失敗し、不採用になる。結果、塚本が当初から望んだように父親の店を手伝うことになった。最初の一年は見習い期間として父親に付いて、東北地方などの得意先を一店一店回った。父親は商売に関しては厳格な人物で、塚本を跡継ぎとしてではなく一店員として扱った。二年目からは、塚本はひとりで得意先を回ることが許された。父と子の店舗経営は、順調に進んでいるように見えた。

インパール作戦に従軍

当時の日本では、成人に達した男子には兵役義務があった。卒業から二年目を迎えた昭和十五年の九月に、塚本は二十歳になる。中国大陸では戦争が拡大し始めており、兵役につけば、当然戦局の厳しい地域へ送られるだろう。そうなれば、生きて帰って来られる保証などまったくなかった。

母親の信の心配も、その点にあった。

「あなたのような一人息子が何も戦争に行かなくても、兵隊になりたい人はたくさんいるよ。病気にでもなって、なんとか兵役免除にならないものだろうか」

だが当の塚本は、軍国主義の風潮が強まる中で育ち、学校では軍事教練を受けた世代である。塚本もまた、兵隊へ行くことは名誉なことだと考えていた。

昭和十五(一九四〇)年十二月一日、塚本幸一は入営した。そして二週間後には、戦争が拡大の一途を辿る中国戦線へと送られるのである。翌年十二月には日本軍は真珠湾を攻撃し、英米両国に宣戦布告し、太平洋戦争が始まる。

それにともない、戦局は中国大陸から南方戦線へとその中心が移る。石油など資源の確保が必要だったからだ。塚本は昭和十八年六月に中国大陸から南方戦線へと転戦し、のちに戦史上もっとも無謀な作戦として有名になる「インパール作戦」に従軍することになる。

インパールはインド北東部の盆地につくられた都市で、そのインパールを日本軍は占領することでインド東部を制圧しようと考えたのである。この作戦には、第十五軍の約九万人が投入された。そのとき、塚本は第十五軍第十五師団歩兵第六十連隊に所属し、陸軍軍曹として参加している。

塚本たちの部隊がベトナム、カンボジア、タイを経てビルマ(現・ミャンマー)のシャン高原に到着したのは、昭和十八年十二月である。この地からビルマ・インドの国境を越えて、インパール高原に向かったのである。

ところが、日本軍の作戦内容は事前に暗号が解読され、イギリス軍に筒抜けになっていた。そのため、塚本たちの部隊は「待ち伏せ」される。

イギリス軍は小規模な戦闘を繰り返しながら、日本軍を奥地へ誘い込むという陽動作戦を展開した。塚本たちが辿り着いたインパール高原には、戦車や重火器を準備したイギリスとインドの連合軍が待ち構えていた。そして制空権は彼らの手にあった。

激しい砲火と爆撃が続き、そして銃撃戦が始まる。しかし塚本たち日本軍には、空からの援軍はなかった。しかもインパール作戦は急襲を目的としていたため、軽装備が中心の日本軍では迫撃砲や機関銃など装備を調えたイギリス軍の前に歯が立たなかった。そのうえ、兵站を軽視しがちな日本軍の補給のお粗末さは、インパールでも変わらなかった。だいたい三カ月はかかると考えられた作戦にもかかわらず、第十五軍約九万人に与えられた食糧は一週間分だった。不足分は各自が「現地調達」して、戦えというのである。

たとえば、当時の司令部では、インパール作戦の遂行によって付近の敵の補給基地を占領すれば、補給の心配はないと考えていたという。また、食糧や弾薬などの物資を牛や山羊、水牛などに運ばせ、いざとなったらその肉を食用にするという作戦も実行されたが、大きな河を渡る時に多くの家畜は流され、ジャングルや急な斜面などの地形によって脱落したため机上の空論となった。それにしても、これが「優秀な軍人」の考えることであろうかと疑問が湧いてこざるを得ない愚策である。

インパール作戦は三月八日に開始され、七月三日に中止された。その四カ月間、塚本たち日本軍は食べ物もなく、十分な兵器もなく、さらには肝心の弾丸もない状態で戦うことを強いられたのである。その挙げ句、標高二〇〇〇メートルを超える険しい山岳地帯やジャングルの中を敗走するのである。強烈な飢餓感、そして豪雨のジャングルでマラリアや赤痢などの伝染病に怯えながら逃げ惑うのである。

《タイとビルマの境、泰緬国境に向けて逃げる途中の五月（昭和二十年――筆者註）、ある山中の湿地にさしかかった。わずか百五十メートルほどの湿地帯に橋ができていると見えたのは力尽きて倒れた仲間の亡きがらだった。我々は戦友の屍《しかばね》の上を橋代わりにしてかろうじて渡ることができた。敗走最後のことである》（塚本幸一『私の履歴書』より）

「白骨街道」を歩く

インパールからの敗走路は「白骨街道」と呼ばれた。というのも、敗走を続ける日本軍兵士は飢えの苦しさと陸と空からのイギリス軍の攻撃で衰弱し、マラリアや赤痢などの疫病にかかった者から脱落し、敗走路には彼らの腐乱死体や白骨が横たわったからである。そのまま放置されたのは伝染病にかかった日本兵やその遺体を、イギリス軍が集団感染を恐れ生死を問わずガソリンをかけて焼却したほか、日本軍が動けなくなった兵士を安楽死させるために手榴弾などを渡し自決を迫るか、射殺したからである。

この「白骨街道」を歩いたことで、インパール作戦は塚本幸一の心に深い傷痕を残したのだった。

《思えば補給路を無視して決行したインパール作戦には初めから無理があった。しかもインド、ビルマ国境のアラカン山脈を越える時は、あまりにも地形が険しく、野砲など強力な重火器をすべて置き去りにしなければならなかった。

火器、弾薬の輸送も車両が使えず、馬や牛に頼らざるを得なかった。その牛馬を押し上げるための兵隊を各部隊から集める始末で、戦力面で大きなハンディを負っていた。おまけに食料、火器の補給もない。作戦参加兵員のうち八割強が戦死、戦病死、行方不明、病患後送である。

（中略）

生き地獄としかいいようのない戦いだった。人柱となった戦友の背や白骨を橋にして渡った。そんな非道な行為はいかに極限状態の戦場とはいえ、まともな神経でできるものではない。戦後十年以上たっても私は夜中、しばしば大声で獣のようにほえたという。戦争の夢を見ていたわけではない。意識の底に沈殿していた恐怖が時にうなり声となって出たのだと思う》（前掲書より）

私とのインタビューでも、塚本は戦友の屍を橋代わりに使ったことを何度も何度も悔いている。屍に最初は気づかなかったとか、また知らなかったといった理由でけっして許されることではない、とまで言い切っていた。そんな塚本の態度に、戦争を知らない者がけっして想像することのできない世界を彼は見たのだろうと思った。

さらに、塚本はインパール作戦の無謀さ、それを強いた陸軍上層部を非難して止まなかった。軍国青年だった塚本にしてみれば、お国のためと信じて戦争に赴いたのに、肝心の戦うことすらままならない状態に置かれたことには裏切られた思いがしたであろう。戦うための兵器も弾薬もなく、しかも食糧もない。何のためにはるばるインパールまで来たのだろうかと。それまで信じてきた価値観が音を立てて崩れる中で、塚本は日本の敗戦を迎えるのである。

「なぜ自分だけ生き延びたのか」

敗戦の二カ月前、塚本の部隊はインパールからの敗走を経て第三国のタイ領内に逃げ込んでいた。五十五名いた塚本の小隊は、彼を含めてわずか三名になっていた。敗戦とともにタイで武装解除され、投降兵として扱われた。オランダ軍の捕虜収容所での生活は半年余り続いた。翌昭和二十一(一九四六)年五月、タイ周辺にいた日本軍の投降兵は全員、バンコクに集められ日本へ引き揚げることになった。皮肉なことに、その時に使われた復員船は米軍のフリゲート艦だった。

復員船の中で、塚本は何かに憑かれたように「戦争」や「祖国日本」、自分の人生を、それまでと違う様々な視点から考え直していた。しかし考えれば考えるほど、死んでいった戦友たちの顔が浮かんでは消え、消えてはまた浮かんだ。あの時の任務が戦友でなく自分だったら、自分は死んでいていまの自分はいない。そう考えると、自分が生きていることを素直に喜ぶ気持ちにはなれなかった。

「なぜ、俺は生きているのだ」

「どうして、俺だけ生き延びたんだ」

塚本は繰り返し自問するものの、得心できるような答が出てくるはずもなかった。それは、誰にも分からないことなのだから。時には塚本は自分の頬を叩き、その痛みを感じることで生きている実感を得ようとした。

塚本に限らず生きて戦地から戻ってきた人には、死んだ戦友に対してなぜか「後ろめたさ」を感じる人が少なくない。その理由のひとつに、塚本も挙げている「どうして、自分だけが生き延びたのか」という誰も正解を与えられない疑問がある。

だからこそ、塚本にとって、冒頭の「私は生きているのではなく、生かされているのです」

という文言は唯一の存在証明なのかも知れない。

昭和二十一年六月十五日、塚本幸一は父親や妹が迎えに来ていた京都駅に着いた。塚本にとって、五年七カ月ぶりの京都であった。だからといって、自宅でしばらくはノンビリ過ごすというわけにもいかなかった。というのも、戦時中の統制経済で父親の嘉納屋商店が廃業に追い込まれていたからである。つまり、塚本家は生活の糧となる商売の基盤を失っていたのだった。

その時の気持ちを、塚本はこう語る。

「とにかく食わなければなりません。それで、(復員した)その日から働き始めました。その時に出会ったのが、婦人のアクセサリーでした。とりあえず、それから商売をさせてもらったというわけです。三年半、その商売をやりながら、本来すべき商売を探し求めつつ、人材を探し資金を集めたというわけです」

塚本は慣れ親しんだ繊維のビジネスから婦人アクセサリーへ商売替えしたのにともない、屋号も嘉納屋商店から「和江商事」に変えた。しかし昭和二十四年になると、塚本は元の繊維製品を扱いたいという思いを強くする出来事に出会う。

戦後、進駐軍の兵士が家族を連れて京都の町を歩くようになり、外国女性の洋装姿は珍しくなかった。日本の女性の洋装化も進んでいた。ただし一般の日本女性が来ていた洋服は、夏は着物だと暑いし動きにくいという理由からであって、本来の洋装とは程遠いものがあった。つまり、ブラジャーやコルセットなど洋装下着類を身につけることなく洋服を着ていたのだ。それゆえ、身体のラインがはっきり分かる洋装では、外国人と日本人の女性のスタイルを比べると、和服で隠されていた肉体的な弱点が露わになるため日本女性はどうしても貧相に見えてしまっていた。

日本女性のためのブラジャーやコルセットなどの洋装下着が販売されていない時代なのでやむを得ないことではあったが、それでも塚本は日本女性の洋装を見るたびに胸が痛んで仕方がなかった。塚本の心には、なんとか日本の女性を美しくしたいという思いが募っていった。

婦人洋装下着を専門とする株式会社へ

そんなある日、塚本幸一は和江商事に入って間もない同級生の中村伊一に自分の気持ちを、こう吐露したことがあった。

「いまのわしは装身具とか繊維雑貨の商売をやっているけど、もともとは繊維屋やったわけでな、将来は本当の繊維製品を扱いたいんや。聞くところによると、正式に洋装する時には、なんやブラジャーとかコルセットというものが要るらしい。ブラジャーは乳をこう押さえて格好よく見せるもので、お尻の格好をよくするのがコルセットや。将来、こういったものが必需品として相当売れるんじゃないかと思うんや。それでわしは、これをやりたいと思うてんのや。これからは、この商売がいいと思う」

男性が彼ひとりの中村家ではあるが、母や姉妹から洋装下着の話など聞いたことはなかったし、もちろん見たこともなかった。中村伊一は「またえらいエロチックな、妙なものを思いついたものやな」と思ったほどであった。

それからしばらくしたころ、東京からひとりの人物が和江商事にブラジャーの売り込みに訪れた。彼は関西地方へ売り込みに来たのだと目的を話しながら、商品サンプルを塚本たちの前に広げた。そのとき、初めて塚本はブラジャーを手にして見ることが出来たのだった。塚本はやや興奮気味な表情で、ブラジャーのゴムの部分を引っ張ってみたり、自分の胸に当ててみるなど品定めに余念がなかった。

触ってすぐに塚本には、ブラジャーが人造繊維（スフ）で出来ていることが分かった。物資が不足した戦後間もない頃だから、品質が悪いことは仕方がなかった。しかし塚本は二ダースほどのブラジャーを全部、その場で買い取った。そして京阪神地方の取引先に卸してみると、たちまち売り切れてしまうのだ。そこで塚本は、のちにファンデーションと呼ばれるようになる洋装下着の将来性を確信するのである。

塚本幸一は、アクセサリー類の販売が目的だった個人商店「和江商事」を、婦人洋装下着を専門とする株式会社に、つまり法人化することを決断した。昭和二十四年十一月一日、塚本は「和江商事株式会社」を設立した。

たしかに、塚本幸一は先見の明のある経営者である。

しかし壮絶な戦争体験から自分は「生きているのではない、生かされているのだ」と悟った塚本の選択を「先見の明」で納得していいものなのか、という素朴な疑問が私にはあった。というのも「本来すべき商売を探し求め」たことは、塚本が「生かされている」理由を見つけることであり、それを実感することではなかったのかと考えたからだ。

私は、塚本にビジネスとしての婦人洋装下着(ファンデーション事業)ではなく、個人的に惹きつけられた理由を訊ねてみたくなった。それは、塚本自身が独自の女性観を持っていたことも私には気になったからである。

塚本の女性観、平和への希求

インタビューというよりも雑談のようにして、私は戦後洋装した日本女性を見た時の印象や洋装下着の存在を知った時はどう思ったか、あるいは初めてブラジャーを手にした時の感想、日本女性が洋装下着を着けた時にはどう思ったかなどを取り留めもなく聞いたのだった。

塚本の女性観によれば、女性が生きることは美しくありたいという願いそのものなのだという。しかし戦争は、その願いを女性に捨てさせるものであり、逆に平和は女性が美しくありたいという願望を謳歌できる時代だというのである。たしかに、戦時中はパーマをかけることは禁じられたし、化粧するのも憚られた時代である。服装ももんぺ姿が標準で、少しでも派手な格好をしたら周囲の非難にさらされたものだ。

それにしても「反戦平和」をイデオロギーからではなく、このような形で説き、実践した経営者を私は塚本幸一以外には寡聞にして知らない。別の言い方をするなら、「女性を美しくする」ことは経営理念であり、そのために必要な「平和」を希求する企業であろうとすることは創業の精神というわけである。

庶民の日々の生活で感じる喜びや人間らしく生きようとする視点から国や社会のあり方を問い直す経営者は、戦前も戦後も本当に少ない。そう考えると、皮肉なことに戦争(体験)が塚本を「反戦平和」の経営者に変えたと言えるのかも知れない。

川口の戦争体験

川口郁雄は八幡商業を卒業すると、東京の小杉合名会社(のちの小杉産業)に就職した。

小杉は繊維問屋で、繊維商品を三越や高島屋などの百貨店に卸していた。将来は繊維商品を扱い商売で独立したいと考えていた川口には、うってつけの会社であった。しかも小杉の社風の特徴は、とくに社員の自主性を重んじたことだった。先輩にしろ上司にしろ、いちいち口うるさく指示するようなことはなかった。自分の仕事は自分で見つけるのが社風だから、やりたい仕事があれば新入社員でも自由にやらせた。やる気のある社員はどんどん仕事を覚えていった。ただし残業しても、それが徹夜仕事であっても、残業代は支払われなかった。

しかし川口には、小杉の社風が合ったのだろう。初めての東京暮らしだったが、水を得た魚のように活き活きと働いた。店に通い続けて初めて注文を取った時などは、上司の営業部長が川口の帰りを待って「よくやったなあ」と褒めたものだった。こうして川口も身体で商売を覚えていったのである。

そして川口にも、塚本同様、兵役につく日がくる。

昭和十六(一九四一)年、川口は主計(経理担当)として豊橋の陸軍病院の配属となった。病院では、巷間言われた勇ましい「帝国軍人」も赤裸々な、弱い人間の姿をさらけ出した。

完治しても戦地に送り返されるのが嫌で、検温の際に体温計をシーツに擦りつけては体温を上げようとする兵士や精神異常のふりをする者。たいしたケガや病気でもないのに温泉地への転地療養を求める将校等々……、数え上げれば切りがなかった。なかには重傷を負いながらも、完治する間もなく「お国のために」と戦地へ進んで赴く将校もいたが、それはまことに希有なケースであった。

「なにが、帝国陸軍や」

と、川口は思った。

三年後、川口は戦地に赴くことなく兵役義務を終えた。だからといって、川口に生死の危険がまったくなかったわけではない。あるとき、川口の配属先の陸軍病院に主計下士官を一名戦地へ派遣するようにと命令が下った。命を受けた病院長(軍医大佐)は経理担当の中尉に一任した。その中尉は、最終的に川口と同期の軍曹を指名した。ところが、その軍曹は川口に身代わりになってくれるように泣きついてきたのだ。理由を聞くと、軍曹は長男でしかも男子は自分ひとりなので、家を潰さないために死ぬわけにはいかないのだという。

川口は「いろんな言い方があるもんやな」と呆れたが、軍曹が哀訴するので男気を出して「代わったる」と身代わりを引き受けた。しかし中尉は川口の申し出を一蹴し、「軍曹に行け」

と命令しているのだと引き下がらなかった。

「それで、同期のヤツは泣く泣く戦地へ行った。そうしたら、一週間で戦死。南方へ向かう途中、輸送船が敵の潜水艦にやられたんや。僕も、死に損ないや。その時に中尉から『そうか、行くか』と言われていたら、終わりだった。僕は、つくづく人間の運命なんて紙一重だなと思ったよ」

兵役を終えた川口は、当初は元の職場である小杉合名で働くつもりでいた。ところが、小杉合名に顔を出すと、上司から軍需工場への徴用の可能性があることを知らされる。徴用となれば、どの工場へ行かされるか分からない。それならばと川口は、郷里・京都にある三菱重工業京都機器製作所の入社試験を受け、合格する。しかし半年もしないうちに、川口に召集令状が届く。二度目の徴兵である、彼は主計下士官として、朝鮮半島に派遣された。

川口郁雄は、終戦を朝鮮の木浦で迎えた。

戦後処理のため、貨物列車に三日三晩揺られて京城(現・ソウル)の朝鮮軍司令部まで部隊で預かっていた資金を返却に行くなどもしたが、結局、戦地での戦闘を経験しないまま軍隊生活を終える。その意味では、川口は幸運だったとも言える。

しかしそんな川口にも、忘れられない光景がある。

朝鮮の釜山から復員のため、最後の連絡船に乗った時のことである。最後の船ということもあって、甲板まで立錐の余地がないほど引き揚げる日本人で埋まっていた。途中でスコールにあっても、甲板にいる人間は動くこともできず、ただただ黙って雨に打たれるしかなかった。連絡船が朝鮮と日本の中間の距離にさしかかったとき、突然、将校や兵隊たちが軍刀や拳銃を次々と海へ投げ込み始めたのだ。武装していると、占領軍に銃殺されるという噂が流れたためだった。

そんなシーンを川口が見ていると、次に老婦人がひとり、海に身を投げたのだった。どうしたことかと思っていると、またひとり、老婦人が脱いだ履き物を揃えて海に飛び込んだ。さらに後に続く老婦人を、誰も止めようとしなかった。

「普通なら、飛び込んだ海面の回りを船は一、二度回るんですよ。飛び込んだ人を助けるために、ね。でもその時は、そのまま船は行ってしまいました。海へ飛び込んだのは、日本に帰っても身寄りがいないのでひとりでは生きていけないからとか、おばあさんですからね。本当のところは、本人に聞いてみないと分かりませんが。悲惨なことになったなあと思いました」

川口は複雑な思いを胸に秘めて、山口県の仙崎に上陸した。

塚本との再会

そして終戦の翌月、九月五日に復員し、元の職場である三菱重工業京都機器製作所で働き始めたのだった。その川口が塚本幸一と再会するのは、昭和二十二(一九四七)年八月に開催された八幡商業五十五期生の戦後第一回同窓会の席上であった。出席者が十数名と少なかったのは、生死が定かでない者や復員が遅れている者などが多数を占めたからである。

川口は塚本の姿を見たとき、思わず「人間って、こんなに変わるものか」と驚愕した。そこには、かつての軟派でヤサ男の塚本に代わって、バイタリティ溢れる逞しい男が立っていたからだ。眼光鋭い風貌には、昔の面影はもはやなかった。

川口は塚本とは、それほど話はしなかった。もともと学生時代は友だちと呼べるほど親しい間柄ではなかったからだが、それでも少ない会話から学生時代に感じた「何や猜疑心の強いヤツ」という塚本ではなくなっていることは分かった。

「戦争から帰ってきたら、人間が変わっていた。塚本は『自分は生きているのやない、生かされているのや』と言うてますやろ、その通りですわ。私心がないでしょう」

学徒出陣で満州へ

塚本と川口が再会したころ、中村伊一はソ連(現・ロシア)に抑留されていた。中村は八幡商業を卒業後、横浜高等商業学校へ進学したが、さらに上級学校である東京商科大学(現・一橋大学)に進んでいた。学生の間は兵役は免除されていたので、塚本と川口が徴兵検査を受けた頃は勉学中だった。

とはいえ、中村が優雅な学生生活を送っていたわけではない。東京の親戚宅に下宿して通った横浜高商と東京商大の学生時代は、持病との戦いでもあった。中村は小学校の頃に、一般に「シビレ脚気」と呼ばれた脚気が原因で心臓を悪くする病気を発症していた。しかも八幡商業時代に所属した柔道部での猛練習で、中村は痔まで悪化させてしまう。

横浜高商の二年生の時に痔は最悪の状態になり、中村は手術を受ける。術後の経過は良好で、痔の苦しさから解放されるのだ。しかし脚気の方は、都会の生活に馴染めないこともあってか、年々ひどくなるばかりであった。夏になると、必ず脚気特有の症状が出て中村を悩ませた。時には笑っただけで心臓が早鳴りして、このまま心臓が止まってしまうのではないかと思ったほどである。

脚気はビタミンB_1が不足して足がむくんだり、痺れたりする症状の病気だが、時には命取りになることもあった。中村はビタミン不足の解消のため、ビタミン剤の服用やビタミンを多く含む果物や野菜をよく食べるように心がけた。それでも症状は、いっこうに快方に向かわなかった。

やむなく中村は東京商大の二年生のとき、一年間休学して郷里で療養した。そして一年後の昭和十八年の春、中村は復学するのだが、戦況は悪化の一途を辿っており、大学は勉強を許す環境にはもはやなかった。前年には、日本本土が米軍の初空襲をうけていた。大学では卒業年限の短縮措置がとられ、中村の同級生たちはその年の九月に卒業して銀行などの金融機関や大手企業に就職していった。そして間もなく、彼らの多くは職場で徴兵され、戦線へ送られたのだった。

同級生の卒業から一カ月後、中村伊一は東京の明治神宮外苑競技場で数千人の学生とともに首相・東条英機の演説を聞いていた。整列した学生の手には小銃が握られていた。軍部は、負け戦が続くなか、戦力の補強が徴兵では十分ではないと判断し、全国の学生をいっせいに戦地へ送ることにしたのである。いわゆる、学徒出陣である。

十月二十一日、日本各地で学徒出陣で赴く学生たちの第一陣の壮行会が行われた。中村はその第一陣のひとりとして神宮にいたのだった。中村は一度も実社会を経験することなく入営し、幹部候補生として満州(現・中国東北部)に派遣された。

中村伊一が日本の敗戦を知るのは、大隊(約一千名)の経理担当見習士官として満州を移動中の時だった。ハルピンの手前の駅で突然、乗っていた貨車が止まったのである。どこからか聞きこんできたのか、重大発表があるとかで駅員全員はラジオのある場所に集まっているという声がした。

数人の兵士がその場所へ向かい、やがて中村のところへ報告に来た。

「なにか、戦争が終わったみたいです」

当時のラジオは性能が悪い。そのうえ満州の奥地なので電波の状態も良くない。ラジオを聴いた兵士にも、詳しい内容は分からなかった。一時間ほどすると列車は動き出したものの、ハルピンの駅で止まり、もう先には進まないという。

中村は、どうしたものかと思案した。

「ハルピンから朝鮮半島まで歩いて行くわけにはいかないから、一千人分の食料をどうしようかと思った。主計とはいえ、僕は衣食住の担当だったからね。『これから先、どうなるんだろう』とも思ったけど、『これで、帰れるだろう。いつ帰れるのかな』という気持ちもあった」

結局、中村の部隊は徒歩で牡丹江まで行き、そこで武装解除される。さらに部隊の編成替えが行われ、五十名の兵士に一名の下士官、五十名の下士官に一名の将校と割り振っていくと将校だけのグループが出来てしまい、中村はそのグループに加えられる。

中村たち将校グループ以外は、次々と列車に乗せられ、牡丹江の駅を去って行った。中村は見送りながら「あいつら、うまくやったな」と羨ましかった。というのも、中村は日本に帰る列車だと思ったからだ。しかし実際には、列車の行き先は極寒のシベリアで、長期にわたる抑留と奴隷的な強制労働の日々が彼らを待っていた。

ソ連での収容所生活

中村たち将校グループはシベリアから中央アジア、ウラルを越えてモスクワの南、約四〇〇キロの距離にあるタンボウフの町に着く。一カ月余りの貨車の旅だった。タンボウフの郊外には、将校専用のラーダの捕虜収容所があった。シベリアほどでなくてもラーダの冬の気温は、日本では考えられないほど寒い。十月末から春先までは氷点下だし、真冬となれば温度計はマイナス一五度から一六度を指した。

そのうえ、当時のソ連の食料事情は最悪だった。捕虜の一日の食事は、パンをひと切れとスープだった。スープといっても、ジャガイモやコーリャン、グリーンピースを混ぜたゼリー状のものである。そんな食生活では、中村たちが栄養失調になるには、それほど時間はかからなかった。そのような劣悪な環境下での捕虜生活を二年余り送ったのち、中村は何とか復員するのである。

昭和二十二（一九四七）年十一月中旬、中村は復員のためナホトカに辿り着いた。日本海の向こうは、帰国を長年待ち望んだ日本だった。しかし中村は、間近に迫った帰国を素直に喜べないでいた。

「それまで散々、ソ連で騙されてきたからね。何日後には帰れるとか、何カ月後にはきっと帰れるとか、ウソを何度つかれたことか。もうソ連の言うことは信じられなかったね。だからナホトカに着いてからも、もしかしたらUターンしてソ連のどこか他の場所に輸送されるのじゃないかという気持ちがあった。船に乗ってからも、気持ちは変わらなかった。たしかに、日本人の船長が船を動かしていたけどね」

中村伊一は十二月一日、京都の舞鶴港に引き揚げてきた。

過酷な捕虜生活で身体はぼろぼろだったが、それ以上に精神的なダメージのほうが大きかった。その理由を、中村はこう語る。

「人間不信というか、人が信じられなくなっていた。人間本来の姿というか、良い悪いは別にして赤裸々な人間の姿を見たということやな。これは、僕にとってショックやった。立派なことを言ってた人や、信じていた人が全然違う行為をしたり、正反対なことを言い出すのやからな。でも本来、人間はそういうものなのかも知れん。僕の方が甘いと言われれば、そうかも知れんけど」

相当なショックだったのだろう。中村はインタビュー当時も、けっして「赤裸々な人間の姿」の詳細を語ろうとはしなかった。たしか、ソ連の収容所では捕虜に対し思想教育が施されていた。収容所での待遇を少しでも良くしたいと考えた捕虜が、それまでと違って掌を返したように共産主義は素晴らしいと「転向」することは珍しくなかった。それが尊敬する将校や上官であれば、耐えがたいことであったことは想像するに難くない。

しかし捕虜収容所での経験が中村を人間不信に陥らせたとしても、それは同時に慎重な性格を彼に与え、その後の企業経営で彼を有能なマネジメントの一員にしたことは否定できない事実である。

中村には近江八幡の生家に戻っても、心身共に限界まで傷ついた我が身を十分に労ることも養生する時間もなかった。

「父親が亡くなった小学生の時から形式上は、僕は戸主、世帯主だった。だけども、本当に家族を養うことをしたことはなかった。だから、復員してきて『これからは家族を養っていかなきゃならんのに、どうしたらええのだろう』とは思ったものの、さっぱり分からなかった。第一、稼ぐことが、どういうことなのか分からなかった。学生時代でも身体を壊したこともあって、アルバイトをしたことがなかった。それに、社会に出ることなく戦争に行ったしね。でもふと気がつくと、僕が早く稼ぐ立場にならなしょうがないなと思った」

塚本幸一からの誘い

中村は母校の八幡商業で臨時教員の仕事を見つけ、復員から三カ月後の翌昭和二十三年三月から働き出していた。その中村と塚本の間を取り持ったのが、同じ職場の同僚で学生部長を務めていた木本寛治である。木本は塚本の妹と結婚し、塚本の義弟になっていた。その木本が、塚本に同級生が母校で教師をしていると教えたのである。

夏休みが明けて九月に入ったころ、つまり中村が教員の仕事に慣れてきたころ、木本は中村に対し塚本の会社を手伝う気がないかと打診する。中村は塚本のことをよく知らなかったし、彼が始めた商売にも関心がなかった。和江商事に行くつもりはなかったが、相手の立場を配慮し生返事するしかなかった。

以後、木本は雑談の中で塚本の仕事や会社の話をさりげなく折り込んだ。しかし木本は、中村を執拗に誘うことはしなかった。最後は塚本本人が中村に会って説得するしかないと考えていたからだ。

中村伊一も川口郁雄も、塚本幸一からの最初の誘いには明確に断っている。

それは、そうであろう。川口の勤務先は「天下の三菱」である。余程のことがない限り、定年まで保障されている。中村は、職業としては安定性抜群の教師である。二人とも、まだ海のものとも山のものともつかぬ、小さな個人商店に転職しなければならない理由などなにひとつなかった。

それでも二人は、最終的に個人商店「和江商事」に入社する。塚本の熱心な説得があったとはいえ、前の職場を辞めてまで転職するほどのこととは思えなかった。中村からも川口からも入社の経緯、その決断の理由を聞いたが、理屈では分かっても得心できるようなものではなかった。ただ三人の偶然な再会は、戦争に翻弄された人生を持つ三人にとっては不思議な「縁」としか言いようがない。そして三人で日本で馴染みのない商売を始めることは、その意味では「必然」であったろう。

トロイカ体制で発展

川口郁雄は昭和二十三年十二月に、そして中村伊一は翌昭和二十四年三月に和江商事に入社した。

昭和二十四年は、塚本が和江商事をアクセサリーなどの婦人雑貨から婦人洋装下着の商売へ切り替え、さらに個人商店から株式会社に組織変更した年である。その和江商事の飛躍のためには大消費地である東京市場の開拓は不可欠だったし、経営体質の強化、つまり財務基盤の健全化も急務であった。

塚本は東京市場の開拓を川口に託し、財務の管理を中村に一任した。そのうえで、塚本は和江商事の経営に専念したのである。このトロイカ体制を作ることが出来たことで、和江商事は婦人洋装下着という新しいビジネスに取り組む体制が整ったのである。

川口は期待に応えて東京市場の開拓に成功し、中村も和江商事の株式会社化や財務の近代化に貢献する。そして塚本は和江商事を婦人洋装下着の仕入れ販売、つまり卸売りの会社(問屋)から、自ら工場を立ちあげ、製品の開発製造から販売までを行う「製造販売会社」に発展させたのだった。

創立十周年を迎えた昭和三十四(一九五九)年十一月、塚本幸一は記念事業の一環として京都の下京区に鉄筋コンクリート造三階建ての本社新社屋を完成させている。そのような勢いを見た当時の週刊誌『週刊コウロン』(中央公論社、昭和三十五年一月二十六日号)は、塚本を「ブラジャーでビルを建てた近江商人」というタイトルで紹介した。なお、その二年前には、社名を和江商事からブランド名の「ワコール」に変更し、さらに取り扱う商品もファンデーション(洋装下着)からランジェリーやマフラー、スカーフなどへと広げ、商品の多様化にも着手していた。

『経済白書』(昭和三十一年版)が《もはや「戦後」ではない》と謳いあげた昭和三十年代は、戦後復興とともに国民生活にゆとりが生まれた時代である。洋装下着の必要性が婦人雑誌や女性誌で頻繁に取り上げられるようになり、「下着ブーム」が起きたほどだ。

たしかに塚本が指摘したように「平和」が訪れたから、「平和な時代」になったからこそ、女性はオシャレを楽しめるようになったし、美しくなることを誰かに憚る必要はなくなったのである。平和だから、女性は美しく自由に生きられるのである。

創立十周年を迎えた当時、ワコールは資本金五千万円、従業員数七百六十七名、売上高七億五千七百万円の企業に急成長していた。この十年間で資本金は五十倍、従業員数は七十六倍、売上高は約七十五倍である。

これ以降も、ワコールは順調に発展していき、わが国のファンデーション業界のトップ企業になるとともに、本場であるアメリカ市場にも進出を果たしている。いまでは、世界のワコールの名をほしいままにしている。

「経営危機」にどう向き合ったか

だからといって、ワコールに危機らしい危機がまったくなかったわけではない。たとえば、昭和三十七（一九六二）年春の賃上げで交渉のもつれからストライキ寸前までいった、労使関係の悪化による「経営危機」が挙げられる。別の見方をするなら、塚本幸一の経営トップとしてのマネジメント力が問われた「経営者の危機」でもあった。

戦後、ＧＨＱは日本の民主化を進めたが、従業員に労働組合の結成を促したのもそのひとつである。同時に左翼の社会運動も活発化し、労組に強い影響力を及ぼすようになっていた。そのため、ワコールに限らず大企業から中小企業まで至る所で労使紛争が絶えなかった。トヨタやソニーなども労使の対立に苦しめられた企業である。

ワコールでも労使関係がこじれてしまい、塚本幸一は打開策を見出せずにいた。万策尽きた思いでいたころ、塚本は偶然、京都財界のセミナーで出光興産社長の出光佐三の講演を聴く機会を得た。

《出光さんの話はこうだった。出光興産には定年制も出勤簿もタイムカードもない。日本人は長い歴史の中で人間尊重の風土を築き上げてきた。経営も人間関係が基本で、米国のような契約社会とは違う。七千人の社員が喜々として働く人間経営を実践しているという。

米国流の合理主義的な経営手法が大はやりで、日本式経営は封建的、大福帳的と自らの伝統を放棄しようとしていた時代だ。語り口はとつとつとしていたが、「誇るべきは日本人の和の経営だ」と胸を張る出光さんに感銘を受けた》(塚本幸一『私の履歴書』より)

講演を聴いた夜、塚本はワコールの労使関係のあるべき姿を改めて考えたという。

「僕は最初、なぜ彼ら(組合)は僕を信頼してくれんのやと思っていました。でもよくよく考えたら、じゃあ僕は彼らを本当に信頼しているのかという問題が出てきた。僕が彼らを信頼していなければ、いくら僕を信頼してくれと言っても、彼らが僕を信頼してくれるわけがない。それは、当たり前のことなんです」

さらに塚本の言葉は、熱気を帯びる。

「その当時、組合とのベア交渉では、僕がたとえ一万五千円を出してもいいと心の中で思っていても、最初は一万円を提示し、その後にアップ額を小出しにして組合と妥協するというやり方だった。組合も、それを見越して要求額を高めに設定してくる。たとえば、二万円ぐらいに。お互いが相手の腹の探り合いをやっていたわけです。互いに相手を信頼していなかった。駆け引きなんかやって、何が信頼やと。だから、相手の信頼を得るためには、僕がいくら信頼していると口で言っただけでは駄目ですから、それを形で表さなければいかんと思ったわけです」

塚本は自分が求める経営は「人間尊重の経営」であり、「信頼の経営」であると悟ったというわけである。しかし不思議というか、興味深い結論である。塚本にしろ中村や川口にしろ、程度の差こそあれ、戦地に赴き「人間不信」に陥っている。信じられるのは自分だけだという恐怖心から生まれた確信である。

なのに塚本は、人間を信じるし、信じるしかないという結論に達するのである。まさに逆説的な悟りだが、その真意を私はいまもって理解できないでいる。おそらく言葉では説明できない何かが塚本をそうさせているのだろう。そしてそれは、戦地に赴き極限状態を経験した者にしか分かり合えないことなのかも知れない。

四つのビジョン

出光の講演を聴いた翌七月二十四日、塚本は緊急役員会を開催した。そこで彼は、労働組合に対する姿勢、今後の基本方針を提示したのだった。それは、のちに「四つのビジョン」と呼ばれるものだ。

その中で、二つのビジョンに注目したい。

ひとつは第一項目で《遅刻早退私用外出のすべてを社員の自由精神に委ね、これを給料とも、人事考課とも結びつけない》、もうひとつは第四項目で《労働組合の正式の文書による要求はこれを一〇〇パーセント自動的に受け入れる》というものである。

この二項目は、経営の常識に反するものだ。経営側が自らの経営権を放棄するに等しいと言わざるを得ないからだ。当然、役員会でも塚本を除く役員全員が猛反対した。反対する役員は異口同音に「こんなことしたら、絶対に会社は潰れます」と主張し、けっして譲らなかった。

塚本はしばらく沈思したのち、「その時は、しょうがない。会社を潰そう」と決断を伝えるとともに、自分の思いをこう語った。

「会社が潰れた時は誰が悪いのでもない。そういう自由を信頼することによって、社員である組合員にその自由を渡した場合、待ってましたとばかりに会社を潰すようなことがあれば、そんな彼らを育てたのは誰なんだ。それは、我々なんだ。言うなら、自分が天に向かって吐いたツバを自分で被るのと一緒や。もって瞑すべし、それだけのことだ。組合を単なる経営権力で抑えたって、世界のワコールなんて出来るもんか。会社を作って、まだ十三年目だ。いまなら社会的責任も小さいし、会社を潰すんだったら、いまや」

こういう場合、オーナーや創業者の強い発言力に押されて、たとえ役員会で反対多数であっても押し切られることは珍しくない。ワコールも創業社長の塚本幸一の強い思いの前には、従うしかなかった。ただしワコールでは、組合員への「二カ月間に及ぶ説明行脚」を社長の塚本に対して課すことに成功している。

役員会に出席していた中村伊一は、反対した自分の立場をこう説明する。

「僕が反対したのは、(塚本の)考え方ではなくて、具体的なやり方についてなんや。だって(塚本は)『明日からやろう』というのだからね。いくら何でも、それはちょっとね。だから、やり方については多少、みんなに説明した方がいいし、こちらとしても段取りの時間が欲しいということやったんや」

さらに、こうも言う。

「役員会で話を聴いた時は、極端に驚くようなことはなかった。それまでも心臓が悪くなるようなことを、こっちはなんべんも経験しとるのやからね。それに（塚本は）いったん言い出したら、止めても（他人の話を）聞くはずがないから。その時も、僕としては『また始まったな』ということや」

こうして、塚本の組合員に対する説明行脚は始まるのだが、もう一方の当事者である組合執行部も役員同様に驚き、困惑したものの、最終的には塚本が提案した「四つのビジョン」の受け入れと協力を表明した。

「相互信頼の経営」へ

しかし人間の考えや姿勢が、そう簡単に変わるものではない。組合執行部が同意したとしても、それがいつまでも組合員全員の総意であり続けるとは限らない。不安定要素は、いくらでもあるものだ。

年末のボーナス交渉が近づいた十一月中旬、組合幹部のひとりが塚本の自宅を深夜に訪ねてきた。何事かと訝る塚本に対し、その幹部はひとつ提案をした。

「基本的には社長のお考えに賛成です。しかし社員の一人ひとりが社長の考えを理解していたとしても、組合大会で全員が集まって『ワーッ』と興奮したら、年末一時金が妥当な金額で収まりません。そこでお願いがあります。『組合の正式な要求は一〇〇パーセント自動的に呑む』ということだけは、二〜三年待ったらどうでしょうか。その間に、執行部も組合を正常な姿にもっていきますから」

最初は黙って聞いていた塚本だが、途中から怒り出し怒鳴っていた。

「バカヤロー、ウソと真にまん中があるか。俺は一〇〇パーセント要求を呑むといったら、必ず呑むんだ。要求がいくらでもかまわん。金は払う。会社を潰す覚悟は出来ている。潰すなら、潰せ。帰れ！」

しかしその後、その組合幹部の不安は現実のものとなる。

組合執行部はワコールの経営陣に対し、二・八カ月の年末一時金を要求したのだ。それまで組合は、二カ月を超える金額を要求したことはなかった。「ここぞ」とばかりに高めの金額を会社側に提示するよう求める一般組合員の圧力に、執行部は耐えられなかったのである。

塚本幸一は組合の要求を持参してきた執行部に対し、何も言わずに、約束通り応じる旨を伝えた。そのさい、執行部のひとりが不安げに尋ねてきた。

「社長、本当に大丈夫でしょうか」

「分からん」

塚本は、即答した。

しかし何も意地悪で、塚本は「分からん」と言ったわけではなかった。当時のワコールの業績を考えるなら、組合の要求はたしかに過大なものであった。しかし全社一丸となって翌年の業績アップに努め結果を出せば、組合の要求は正当なものにもなった。それゆえ、塚本も「分からん」としか言いようがなかったのだ。

組合は、緊急大会を開催し、「満額回答に応え、働こう」という方針の採択にこぎつけた。要求した年末一時金を満額もらったら会社が潰れたでは、組合も社員も困るのだから当たり前のことだと言ってしまえばそれまでだが、塚本の考えに正面から向き合う姿勢を見せる組合も評価されるべきだろう。

労働組合は、昭和三十七年の労使関係のもつれを次のように総括している。

《振り返れば長い一年であった。ワコールのもっとも長い一年であった。そして、この一年間で実を結んだ成果は、あまりにも大きく、あまりにも偉大であった。まして、『相互信頼』という組合と会社の在り方は、ワコールがこの一年を費やして見出した全く新しい労使関係なのであった》(『信頼と協調の歩み——ワコール労働組合二十年の軌跡』より)

昭和三十八(一九六三)年、「相互信頼の経営」はワコールの社是となった。

戦争が三人を結びつけた

個人商店にすぎなかった和江商事を、塚本幸一は年商一千億円を超える一部上場企業「ワコール」に育てあげた。その塚本の両脇を「財務の中村」と「営業の川口」という二人の同級生が支えた。

その二人がワコール副社長を最後に、昭和五十九(一九八四)年十一月、取締役相談役に退いた。ワコールの世代交代に備えての人事であった。三年後に塚本幸一の長男・能交が新社長に就任している。

相談役に退いたあと、川口は経営難に陥っていた子会社の再建のため会長に就任し、中村は苦境にあった京都証券取引所の建て直しのため理事長に就任した。それぞれ別の道を歩み始めたのである。

そのころ、川口郁雄への最後のインタビューで、彼が問わず語りに話したエピソードを覚えている。毎年、終戦記念日が近づくと思い出すのだ。

川口郁雄は、東京へ出張すると、必ず九段下の「ホテルグランドパレス」に泊まる。それは、ホテル近くの靖国神社に参拝するためである。グランドパレスが昭和四十七年にオープンしてからずっと定宿にしている、という。

川口は、朝早く起きると三十分ほど歩いて靖国神社に行く。

「僕がお参りするのは、なにも日本の英霊に対してだけじゃないんです。日本兵もアメリカ兵も中国兵も全部、太平洋戦争に限らず、とにかく戦争で死んだ兵隊全部にお参りしている。自分で志願して戦争に行った人もいるでしょうが、ほとんどの人は引っ張られて戦争に行って死んでいるわけですよ。もちろん、口に出してどうとか言うのではなく、これは僕の心の中でお参りしているだけなんですが」

戦闘経験のない川口だが、それでも戦地に赴いたという事実が彼の心に戦後も何か不条理なものを感じさせるのであろうか。物理的な戦争は終わっても、いや終わらせることが出来ても、人の心に居ついた戦争には終わりはないのだろう。

塚本幸一は平成十(一九九八)年六月十日に七十七歳で、川口郁雄は平成十二年六月二十九日に七十九歳で、中村伊一は平成十七年四月十四日に八十五歳で、それぞれ永眠した。

中村伊一は生前、三人の関係をこう述懐した。

「学生の頃は、互いをあまり知らなかった。学校を卒業してからは互いに別れ別れになったけど、戦争では生きて帰ることができた。こっちはソ連で、会長はビルマ、川口は朝鮮や。兵隊で一緒ということもなかった。それがまた、出会って一緒に仕事をするようになる。これはもう〝縁〟やと思う。三人がうまくいったのは、学生時代にへんに親しくなかったのが良かったのかも知れんな」

ある意味、戦争が三人を結びつけたともいえる。

第四章　終わらない戦争

山下俊彦（中央）と松下幸之助（右）

被害者の立場からであれ加害者からの立場であれ、私には戦争およびそれにまつわる出来事や事件を直接取材した経験はない。ただ取材の過程で偶然、戦争を経験された方から話を伺う機会があっただけのことである。

しかし本や記事など活字で知る「戦争」と体験者の口から語られる「戦争」とでは、それが持つ現実の重みに天と地ほどの開きがあることを改めて思い知らされたものである。戦争の残酷さや悲惨さ、あるいは極限に置かれた人間の信じがたい行動などは体験した者にしか理解できないというありふれた事実の前に、私は何度も佇立するしかなかった。

この章では、経営者および役員経験者から伺った話ではないが、私が強いショックを受けた証言を紹介したい。

ある商社マンの戦争体験

私は毎年八月の終戦記念日が近づくと、必ずある「戦争証言」を思い出す。

一九九〇年代の初めのころ、私は商社の取材をしていた。バブル崩壊後、私の関心が銀行・

証券から急速に商社へ移っていったからだ。ある夏の暑い日、私は大手商社のOBを紹介され、その人物の自宅を訪ねた。

リタイアしてから間もないということだった。精悍な顔つきはまるで現役で、アグレッシブな話しぶりと対応から私がイメージした「商社マン」そのものだった。すっかり圧倒された私だったが、インタビューは長時間に及び充実した内容で終わった。

昼過ぎに訪れ終わった時には、すでに外は薄暗くなっていた。一度は腰を上げようとしたものの、すっかり意気投合してしまい、去りがたい気持ちになっていた。そこでしばらく四方山話に花を咲かせていると、彼が突然、満州からの引き揚げの体験を語り出したのだ。

日本の敗色が濃厚になるにつれ、満州に駐屯していた関東軍の将校や政府関係者、およびその家族は速やかに帰国して行った。おそらくソ連軍がソ満国境を越えて侵攻するという情報をいち早く入手していたのであろう。満州に置き去りにされたのは、何も知らされなかった日本軍の兵士と開墾すれば自分の土地になると信じて入植していた満蒙開拓団の農民たちなどであった。

日本軍に置き去りにされた人々は、それぞれグループを作っては独自に満州を南下して日本本土を目指した、という。商社OBの彼は当時、十代後半で親戚の人たちと共に満州に来ていた。彼は親戚や開拓団の親しい人たちで作られたグループに入って、満州からの引き揚げに同行していた。

引き揚げと言っても、敗戦国の国民にとって「満州からの南下」とは「敵陣」の中を、自分たちを守る軍隊もいない、つまり無防備のままの「逃避行」であった。そのため行動は人目につく昼間を避け、夜に限られた。現地住民からの攻撃を避けるため、移動する時には声を押し殺し息を潜めなければならなかった。それでなくても見知らぬ道を逃げることは容易ではなく、相当な緊張感を強いられたであろう。そのうえ、赤子や幼子がグループにいたなら、その緊張感は想像を絶するものであったろう。

「オレは、いまから鬼になる」

赤子や幼子に「泣くな、静かにしろ」、あるいは両親に「泣かせるな、静かにさせろ」というのは無理難題というものだ。もともと赤子は「泣くのが仕事」と言われるように、自分の意思を「泣いて」表そうとする。たとえば、満足な食事も与えられず、おしめの取り替えも十分でなければ、ぐずり、泣くのは、赤子にすれば至極当然な行為である。母親がいかにあやそうとも、空腹が満たされなければ、濡れたおしめが取り替えられなければ、その不満を「泣いて」訴えるしかない。

満州からの命をかけての「逃避行」であっても、赤子には関係ない。逃避行が長引けば長引くほど、赤子の不満は溜まる。

そのような事情は、グループで一緒に逃げている者なら誰でも理解できる。やむを得ないことだと分かっていても、そのままにしておけば、赤子の声を聞きつけた住民に襲撃されるかも知れない。自分たちの命が危うくなると思うと、放置しておけない。だからといって、誰かが言うならともかく、自分が「黙らせろ」と口に出して言うことは憚られるものである。グループ内がギクシャクしてくる。

もちろん、いつまでもそんな状態を続けるわけにはいかない。

やがて言葉ではなくても、無理を承知で「どうにかしろ」という周囲からの冷たい視線が赤子の親や親族などに降り注ぐようになる。時には、これ見よがしに「俺たちを殺すつもりか」などと嫌味を言う者も出てくる。グループ内にいても、四面楚歌にあえば、相当な圧力を感じて当然である。

じつは、商社OBの彼のグループにも、赤子を抱えた夫婦がいたのだ。周囲の怒りを込めた視線を商社OBの彼も、子供なりに感じたという。そのような緊張状態にさすがに耐えかねたのか。ある夜、赤子の父親がすっと立ち上がった。そして我が子を抱え上げて、グループのみんなを見渡してこう言った、という。

「オレは、いまから鬼になる。鬼になるんだ！」

怒号でもなく絶叫でもなかった。表現のしようのない声だったが、もしあえて言うなら自分に「絶望した声」であったろう。父親はぐずる赤ちゃんと一緒に近くの茂みへ入って行ったのだった。

しばらくすると、父親は目を真っ赤に泣き腫らし、恐ろしい形相で茂みから出てきた。

「オレはもう人間じゃない。人間じゃないんだ。鬼だ、鬼になったんだ」

と叫んで、その場にうずくまって動けなくなってしまった、という。

商社OBの彼は、話の最中に身体がぶるぶる震え出し、止まらなくなっていた。さらに声も上ずり、気づくと目から涙が溢れていた。

国民の生命を守らない軍隊

「あの時の場面が目に焼きついて、忘れたことはない。この季節になると、夢の中に出てくるんだ。夜中に飛び起きたことは数え切れない。あれは、人間のすることじゃない。戦争は、人間をそこまで追い詰めるんだ。君ね、戦争は絶対にしてはいけない。私たち一般庶民には、何もいいことないんだから」

その時は突然のことで、私自身、何が起きたのかよく分からなかった。

しかし実際に我が子を持つ身になれば、分かることだが、自分の子供、それも赤子を普通の神経で殺せるわけはない。また、我が子を殺せと迫られる場面など想像することも出来ない。戦争とは、生きて行くうえでもっとも大切な「人間性」を人間から奪う化け物なのだとつくづく思った。

そして私の怒りは、我が子を殺すまで追い詰めた戦争の中での集団心理よりも彼らを置き去りにした日本軍に向かった。国民の生命と財産を守らない軍隊にどんな存在価値があるというのか。そもそも、海外に居留する日本人の生命と財産を守るためという大義名分のもと朝鮮や中国、アジアへ侵攻したのではなかったのか。

商社OBの体験談を聞いたあと、何かもやもやしたものが心に巣くっているような気分だった。どうして自分の国の軍隊は、国民の生命と財産を守ろうとしなかったのか。いや守ろうとしたけど何らかの理由で守れなかったのか。いずれにせよ、置き去りにしたのは事実なのだから、その理由が知りたいと思ったのだ。

しばらくしたのち、民放の深夜番組で日本軍が開拓団など民間人を戦場に置き去りにした問題を扱っていた。満州からの引き揚げに際して、私と同じような疑問を抱いたテレビ局の報道関係者がいたのである。

満州を支配した日本軍は関東軍と呼ばれたが、その関東軍の将校だった人物に記者が民間人を置き去りにした理由を質問した。そのインタビューのシーンでは、元将校はそれも分からないのかと記者の不勉強を呆れたと言わんばかりに、そして子供を諭すように答えた。

「日本の軍隊は皇軍と言いますよね。皇軍の意味はご存じですか。皇軍とは、天皇の軍隊という意味です。つまり、天皇を守るのが皇軍の務めです。だから、国民を守るのが日本軍の、皇軍の務めではありません」

要するに、関東軍が開拓団など民間人を置き去りにしたことのどこが悪いのかというのである。国民の生命を守る軍隊ではないのだから、置き去りにしても当然だというわけである。

テレビ画面に映し出されたテロップを見ていると、次第に背筋が凍っていくような思いにとらわれた。やがて「この人には、本当に同じ人間の血が流れているのか」と信じられない思いがしたのだった。なんの疑問も躊躇いもなく、置き去りにしたことの正当性を語るその姿から、私は日本軍の恐ろしい本質を見せつけられた気がした。

これでは「お国のために」と信じて戦場に赴き死んだ兵隊が救われない。ここにこそ「戦争の本質」があるのかも知れない。戦争は、私たち国民にとって「百害あって一利なし」なのである。

シベリア抑留の経験

私が取材した経営者や経営幹部たちは、自らの戦争体験を進んで話すようなことはほとんどなかった。むしろ話題になることを避ける傾向にあった。ただある程度、信頼関係ができて、しかも戦争体験の取材でない時に限って、ふと話題になることがあった。それで終わる時もあれば、さらに話が深まることもあった。

ただし私が受けた印象で言えば、戦地に赴いた経験のある人ほど自らの戦争体験に触れられることを嫌った。もう思い出したくない、忘れたいという気持ちが強いため、そうさせるのであろう。

じつは私には、シベリア抑留を経験した叔父がいた。

満州にいる時に終戦を迎え、そのままソ連の捕虜となってシベリアへ連れて行かれたのである。本人は当初、戦争が終わったのだからすぐにでも帰国できると考えていたようだが、厳寒の地・シベリアに到着したとき、いつ帰れるか分からないと観念したという。それでもソ連兵から「もうすぐだ」とか「来月には必ず」と言われると、ついその気になってしまい、あとで嘘だと分かった時は一挙に徒労感に襲われ落ちこんだと、繰り返し話してくれた。

しかしシベリアの収容所での生活については、ほとんど話してくれなかった。いや尋ねても、少しも話そうとはしなかった。ただ黙り込んでしまうだけだった。

そんな叔父が、あるとき、ふと収容所での生活の様子を漏らした。

私が大学院の修士課程で西欧政治史を学んでいた頃である。私の興味はドイツ現代政治史で、とくにナチスの台頭とワイマール体制の崩壊の前後だった。ひと言でいうなら、世界でもっとも民主的な政治体制と高く評価されたワイマール共和国が崩壊した理由を、私なりに探すことであった。

ドイツで起きたことは日本でも起きる。

だから、活字では分からない戦争の実態を体験者の口から聞きたいと思ったのである。折を見ては叔父に話しかけていたら、その日は何か良いことがあったのか、とても機嫌が良かった。チャンスだと思い、シベリアの収容所での一日を聞いたのだ。

叔父は「ロスケの野郎が……」と言い出した。

ロスケはロシア人の蔑称である。叔父はソ連兵とかロシア人とは言わない。話す時は、いつも決まって「ロスケ」だった。

「ある日、ロスケの野郎がきて、切り出した木材が並べてあるからそれを指定した場所まで運べと命令したんだ。行くと大きな木材が積んであった。二人一組になって、朝から運んだよ。運ぶだけだから単調な作業だった。一週間ほどで全部運び終わった。やっと終わったと思ったら、ロスケがにやにやしながら、明日から木材を元の場所へ戻せと命令したんだ。仕方がないから運んだよ。元に全部戻すと、またロスケが来て、また運べと命令するんだ」

叔父はシベリアの収容所での生活で、寒さも激しい労働も何とか耐えられたが、目的のない作業、単調な作業をやらされたのは本当に堪えたと言った。

叔父は数年後、運良くシベリアから戻ることができた。それでもナホトカに着いたとき、ワコールの中村伊一が日本へ向かうのではなく引き返すのではないかと疑ったように、叔父もそれまで散々帰国話をされていたのでにわかに信じられなかったという。収容所での生活は、叔父に人間は嘘をつくということを骨身に染みこませたようだ。

もともと寡黙な叔父だったので、要点だけとはいえ、収容所での生活の話をしてくれたことには驚いた。私が「収容所のことを思い出すことがあるか」と尋ねると、疲れた時や何か嫌なことがあった時など夢に見ることがあると返事した。その時は、帰国から二十年以上も経っていた。

ワコールの中村が漏らしたように、収容所での生活は肉体的よりも精神的なダメージのほうが大きかったようだった。それ以降、叔父は二度と戦争についても抑留生活についても話すことはなかった。

昭和二十(一九四五)年八月十五日、日本は無条件降伏した。

たしかに物理的な意味での戦闘行為は止んだのかも知れないが、それをもって「戦争は終わった」と私たちは受け止めていいのだろうか。満州に置き去りにされた開拓団などの民間人には日本へ引き揚げるための戦いが続いていたし、降伏した捕虜には精神的なダメージとの戦いがあった。いや、戦火に巻き込まれた国民もまた強い精神的なダメージを受け、心の傷を癒やすのに時間を必要としていた。肉体的な傷よりも精神的なそれのほうが回復に時間がかかるし、時として、一生背負わなければならない場合もある。

日本軍敗北の真相

「戦争」は戦勝国であれ敗戦国であれ、国民に多大な犠牲を強いる。その意味では、国民にとって「勝ち」も「負け」もない争いが「戦争」と言えるのかも知れない。それでも「戦争」とひと言では括れないものがある。

たとえば、軍隊は上意下達が貫徹した組織で、勝つために個(兵士)は全体(部隊)に無条件に従うことが求められる。しかし日本軍の場合、個が全体に尽くしても報われないことが多すぎるというか、いわゆる「棄民」思想に基づく組織になっているのではないかと思わせることが少なくない。

第二章で、ケーズデンキ創業者の加藤馨は「日本の軍隊は(兵士の)人命軽視が甚だしい」と繰り返し指摘している。つまり「個」を生かせず「全体」を破滅に導いたのが日本軍敗北の真相だったのではないか、と考えている。率直に言えば、死ななくても済んだ兵士を何の理由もなく死なせてきたのが、日本軍の実態なのである。

そのことは、国内だけでなく海外でも周知の事実であるようだ。

たとえば、アメリカの海軍史家であるイアン・トールの『太平洋の試練　真珠湾からミッドウェイまで(上・下)』(文藝春秋、二〇一三年)の中でも、本筋からは離れるものの、不思議なエピソードのひとつとして紹介されている。

もともと『太平洋の試練』は、海軍の機動部隊が戦艦ではなく空母を中心に編成されていくようになる過程を、日本軍の真珠湾攻撃からミッドウェイ海戦までの百八十日間の戦記として描いたものである。そして空母を中心とした艦隊同士の戦いとなるミッドウェイ海戦の前哨戦とも言うべき「珊瑚海海戦」で、私が注目した記述が出てくる。

珊瑚海海戦(昭和十七年五月四日―八日)とは、オーストラリアの委任統治領・パプアニューギアの要港であるポートモレスビー攻略を目指した日本軍(海軍)に対し、それを阻止するためアメリカとオーストラリアの連合軍が戦った海戦のひとつである。

珊瑚海海戦での日米異なる対応

珊瑚海海戦では、指揮官・井上成美海軍中将率いる「南洋部隊」の指揮下にあった日本海軍艦艇(空母三隻からなる機動部隊)が珊瑚海に展開し、アメリカ・オーストラリア連合軍は米空母二隻(レキシントン、ヨークタウン)を旗艦とする空母機動部隊を派遣して対抗した。

『太平洋の試練』で私が注目した記述は、海軍艦艇の配下にあった原忠一少将が司令官を務める第五航空戦隊(二隻の空母・翔鶴と瑞鶴)の行動に関してである。

《いずれの陣営もいまや相手の存在を警告されていた。しかし、敵が正確にどこで見つかるのかについては、いずれもたしかなことはわかっていなかった。五月の五日、六日、七日は、相対する空母群が相手をむなしく手探りする、混乱した幕間だった。天候は変わりやすかった――雲一つない晴天かと思えば、雲が垂れこめてスコールが降り、強風となって、海が荒れることもあった》

そして問題の五月七日――。

《昼間の遅い時刻で、天候は悪化しつつあった。雲の高度は低くなり、南東の風は三十ノットに強まって、ひんぱんに雨スコールがやってきた。アメリカ軍の飛行士は夜戦の訓練を受けていなかったし、なかには帰路で空母まで帰りつけない機があるかもしれないと心配するのは賢明だった。フレッチャー（連合軍の指揮官――筆者註）は、気象前線の保護のベールにもぐりこみ、朝を待ってつぎの攻撃を仕掛けたほうがいいと、機動部隊を南西に向けた。彼はのちに、「広範囲の索敵のあとで攻撃するには昼間の時間がたりない」と判断したと説明している。（中略）

日本軍はもっと大胆だった。その午後の四時十五分に、新たな触接報告に接して、原は日中遅くの攻撃に賭けてみることにした。パイロットたちは暗くなってからおぼつかない視界で着艦しなければならないだろうし、彼も損害が出る危険が高いことはきっとわかっていたにちがいない。搭乗員は精選された。なかでももっとも訓練を積んだ技量の高い者たちが任務に選ばれた。(中略)原は方位二二七度で距離二百八十海里まで飛行するよう命じて、翔鶴から急降下爆撃機十二機と雷撃機十五機を発進させた。彼らはアメリカ空母を探して攻撃することになっていた》

つまり、日本軍と連合軍では、日が落ちて視界の悪い中での着艦というリスクに対して正反対の判断をしたというのである。連合軍は無謀だと判断し、日本軍は無謀を承知で決行したのである。

その結果は――。

《アメリカ機動部隊はほんの百七十海里ほど西にいた。発進した艦載機は、一面の分厚い雲にはばまれて発見できず、あきらかにアメリカ空母とその護衛艦の上空を通過した。六時、攻撃隊の指揮官たちは無線で話し合って、引き返すことを決断した。爆弾と魚雷を捨て、母艦の帰投信号を受信することを願いながらきたコースを引き返した。アメリカ軍の新設のレーダーは、雲の隠れ蓑の上を飛行する爆撃機を追尾し、一群のＦ４Ｆ戦闘機が彼らを帰路で迎撃するべく無線で針路を指示された。（中略）空中戦で、日本軍はひどい目にあい、アメリカ軍のワイルドキャット三機にたいして九機の艦載機を失った（九七式艦攻八機、九九式艦爆一機）》

しかしワイルドキャットの攻撃を免れた日本の艦載機は、別の問題にぶちあたる。それは、夜の闇の中、日本のパイロットが勘違いしてアメリカの空母に着艦しようとしたことである。当然、アメリカの艦隊から迎撃されるが、不幸中の幸いは撃墜された機がなかったことである。

目先の勝利が大切なのか

イアン・トールは、こう結論づけている。

《原の作戦は大失敗だった。日本の空母は艦載機を誘導するために探照灯をつけたが、その日の午後遅くに発進した二十七機のうち十機が母艦に帰りつけなかった。九機は空中戦で撃墜され、さらに一機が海上で失われ、損失機の搭乗員は一人も救助されなかった》

私が注目したのは、最後のフレーズ《搭乗員は一人も救助されなかった》という指摘である。日本軍に救助する意思がなかったのか、救助したかったが出来なかったのか、どちらなのか不明だが、いずれにせよ、救助されなかったので死亡したと理解しているように思われた。そして私の疑問に対するトールの直接的な回答は見当たらなかったものの、違う表現を用いて「珊瑚海海戦の星取表」の項で触れられていた。

《珊瑚海海戦はまったく新しいタイプの海戦だったと、よくいわれる――両軍の艦艇が一度も相手の姿をじかに見なかった最初の海戦だったと。（中略）直接の物質的な点から見ると、日本軍の勝利だったが、彼らが主張し、あきらかに信じていたほどの大勝利ではなかった。レキシントンにくわえ、彼らは貴重な給油艦ネオショーと駆逐艦シムズを沈め、ヨークタウンに損傷を与えた。レキシントンの艦載機五十機（艦といっしょに沈んだものをふくむ）と、ヨークタウンの艦載機十六機を撃破した。連合軍は軽空母祥鳳、軽巡洋艦一隻、駆逐艦二隻、輸送船一隻、砲艦四隻を沈め、翔鶴と水上機母艦一隻に損害を与えたとしている。撃沈した軍艦の得点表では日本軍が勝っていたが、アメリカ軍の倍の飛行機を失い、二倍の人的損害をこうむっていた。

（中略）九十名の航空機搭乗員が戦死したが、それにたいしてアメリカ軍は三十五名にすぎなかった。アメリカ軍は墜落した飛行士の救助にずっと力を注いだからである》

つまり、日本軍はアメリカ軍に比べて、墜落した艦載機に乗っていたパイロットの救助には積極的ではなかったというのである。別の観点から見れば、トールは日本軍は目先の勝利が大切で、目の前の救助を待つベテラン・パイロットの生死にほとんど関心を示していないようだと疑問を呈しているのだ。

ケーズデンキの創業者・加藤馨が繰り返し語った「日本軍の人命軽視は甚だしい」は、陸軍に限らず海軍でもそうだったろうし、日本軍の体質と言っていいのかも知れない。兵士は取り替えの利く消耗品ぐらいの認識しか日本軍（上層部）にはなかったのである。

しかし一人前のパイロットを育てるために必要な膨大な時間と労力を考えるなら、ベテラン・パイロットを大量に失うことが、その後の戦いでいかに日本軍にとって不利になるかを日本軍（上層部）はきちんと考えていなかったと言われても仕方がない。制空権を握ることが戦争の趨勢を決める時代になったにもかかわらず、肝心の艦載機とパイロットを多数失うことが珊瑚海海戦に続くミッドウェイ海戦に不利に働くであろうことぐらいは、誰にでも想像できるからである。

それゆえ、イアン・トールは「珊瑚海海戦は日本軍にとっては戦術的勝利、連合軍にとっては戦略的勝利」という従来の定説にたいし疑問を投じる。

《しかし、珊瑚海海戦は日本軍にとって本当に戦術的勝利だったのだろうか？　翔鶴は損傷を受け、のちに修理された。瑞鶴は無傷だったが、その飛行機隊は大きな損害をこうむっていた。もっとも重大だったのは、いずれの空母もミッドウェイ海戦に間に合うように戦列に復帰できなかった》

トールは、ミッドウェイ海戦の敗北は珊瑚海海戦の実質的な「敗北」が大きな一因になっていると考えているようだ。

私自身は二つの海戦の勝因ないし敗因の究明よりも、同じ軍隊とはいえ、日本軍とアメリカ軍とでは墜落したパイロットの対応に違いがあることに強い関心を持った。なぜ同じ軍隊であっても、このような違いが生じるのだろうかと。

「全体」に無条件に尽くす「個」

どんな組織であれ、「個」が「全体」に尽くすことは求められる。その場合、「個」は「全体」のメンバーであり、「全体」に尽くすことで「個」も活かされるという関係にある。ないしそのような関係を目指すから、「個」は「全体」に尽くすことに意義を感じ、時には「自己犠牲」にも応じるのである。

しかし日本軍の場合、戦争体験者の話を聞く限り、「個」は「全体」に無条件に尽くすものとして存在し、かつ「全体」のメンバーではない。だから、いつでも「個」は「全体」のためという名目のもと、単なる消耗品のような扱いを受けるのである。兵士の命が軽んじられるゆえんである。

こうした「特殊性」は、日本の敗戦によって、解消されたのであろうか。

私はむしろ、社会の隅々にまで広がり、巣くってしまっているように感じる。あらゆる組織や団体などで「個」に対し「全体」への服従を無条件に強いる場面が散見されるからである。とくに企業社会は、顕著である。「会社のために」という名目のもと、社員に犯罪もどきのことまで強いることが珍しくないからだ。

逆に、「会社の健全な発展のために」と考えて、会社の過ちを内部告発すると、得てして

「裏切り者」というレッテルを貼られて攻撃されることもしばしばである。個人の尊厳を尊重しないという意味では、いまの会社は「個」にとって生きづらい場になっていると言っても過言ではない。

山下俊彦の経営

そのような企業社会にあって「個」の尊厳を守る経営を目指した経営者はいるのだろうかと、四十年近い私の企業取材を振り返ると、ひとりだけ名前が浮かんだ。その経営者とは、元松下電器産業(現・パナソニック)社長の山下俊彦である。

山下は高卒のエンジニアで、取締役エアコン事業部長を務めていたとき、末席のヒラの取締役から先輩役員二十四名を飛び越えて松下電器の社長に抜擢された。その異例の人事を指して、マスコミでは「山下跳び」と呼ばれたものである。そして山下は、創業家以外からの初めての社長であった。

山下俊彦は、社長就任二年目の一九七八年——松下電器が創業六十周年を迎えた年——一月の経営方針発表会の席上、会社(全体)と社員(個)の関係に触れて、自らの考えを次のように明らかにした。

「さらに私見を加えるならば、個人の目的と自分の人生を預けている会社の目的を一致させる必要がある。さらに言えば、個人の目的、そしてその延長線上に会社も目的がなければならない。……それが、これからの松下電器のあるべき姿だと思います」

正直に言うと、山下のこの発言を知ったとき、私は腰が抜けるほど驚いた。というのも、それまで企業社会のコンセンサスとなっている会社と個人の関係で言えば、あくまでも会社の目的の延長線上に個人の目的も存在する、あるいは個人の目的を会社の目的に合わせるべきだという理解が一般的であったからである。

それゆえ、社員や従業員が待遇の改善、賃金のアップなどを求めると、経営側から「そんな要求を受け入れて会社の経営が悪化したり、潰れたら（社員にとっても）元も子もないだろう」といった自らの経営責任に口を拭った理不尽な回答や対応がなされたりしてきたのである。

その意味では、山下の発言は従来の企業社会のあり方に一石を投じるものであった。

山下の考える「会社」（全体）と「社員」（個）のあるべき関係について、さらに知るために彼の著書『ぼくでも社長が務まった』（東洋経済新報社、一九八七年）から引用する。

《その人の能力を引き出すというとき、会社にとって役立ち、貢献するというレベルで考えるのか。もっと広く考えて、その人のもてるすべての能力、全人格を活かすというレベルで考えるのか、二つの考えがあるだろう。

私はこの二つのうち、もっとも大切なことは後者の視点だと思っている。全人格的な能力が発揮できれば、それは自ずと会社のためにもなるからだ。会社のことを優先したらその人は活きてこない。

人間は本当に活かされているとき輝いているものだし、働いていることに喜びを感じるものだろう。これが基本である。それが会社に役立つかどうか、経営にプラスするかどうかは、その人の問題ではなくトップの仕事である》

さらに、企業の経営方針やビジョンについても、こう指摘している。

《経営理念とか経営基本方針といっても、要は一人ひとりの社員がこのような使命感を持てるかどうかにかかっている。それは上から押しつけてできるものではない。やはり、一人ひとりが自分の能力を発揮できて、一所懸命努力して目標を達成し感激を味わうというところから生まれてくるものだと思う》

山下の基本的な考えは、どこまでも「個」を活かすことが「全体」に尽くすことになるし、そうでなければ「全体」も生き残ることが出来ないというものである。

「個」を活かす人事

では山下は、経営トップとして「個」を活かすために、どのような施策を講じたであろうか。ひとつには、三十五歳以下の社員の人事異動を頻繁に行うという山下が決めた独自の人事方針が挙げられる。

どんな人間も「相性」というものを持っている。

たとえば、会社では上司と部下の間にも当然、相性は存在する。どんなに優秀な上司であっても、またどれほど優秀な部下であったとしても、二人の相性が悪ければ、部下が期待された成果を出すことは難しい。そうなると、一所懸命に働いた部下の努力は報われない。最悪の場合、相性の悪い上司の下では、優秀な部下でもクサってしまうこともあるだろう。これは、会社にとって大きな損失である。

しかし部下は、上司を選べない。それなら、部下を異動させ、職場環境を変えれば済むことである。その異動によって、相性のいい上司と巡り合うことが出来れば、部下は見違えるように元気になり、能力も十二分に発揮出来るようになる。それこそ、会社のためになることである。

また新しい職場で新しい仕事を経験することで、それまで本人も気づかなかった自分の能力をもっと発揮できる仕事に出会うこともあるだろう。新しい仕事にチャレンジする緊張感が潜在能力を引き出し、彼自身の評価を高めることに繋がるというものである。

なお、この人事異動には「三十五歳以下」という条件が付いている。それは、新しい仕事を覚え、新しい環境に順応するには三十六歳以上は歳を取りすぎているという山下の判断からだ。

左遷されていた労組役員を抜擢

山下俊彦の「個を活かす」人事の特徴は三十五歳以下の人事異動を制度として残したことであるが、その一方では、過去に囚われず適材適所に基づいて抜擢人事を行ったことである。

その好例のひとつが、佐久間昇二(元副社長)を周囲の反対を押し切って取締役に選任したことである。山下俊彦が佐久間を取締役候補にしていることを聞きつけ、大反対したのは松下労組である。

かつて松下電器では、共産党系の第一組合と民社党系(労使協調路線の)第二組合が激しい主導権争いを繰り広げていた。争いの時代は第二組合の勝利で終わるが、佐久間は第一組合の役員をしていたため、会社から睨まれていた。第二組合の勝利後、第一組合の役員は地方などに飛ばされる「左遷人事」にあうが、佐久間も欧州での乾電池市場開拓という名目のもと、ドイツに飛ばされている。本人は「左遷とは思っていない」と弁明するが、他の労組役員とともに週刊誌で「左遷人事」として取り上げられ、話題になったことは事実である。

松下労組の反対理由は、要するに会社の発展に貢献した自分たち(第二組合)の「敵」(第一組合)だった人物を取締役に選任するのは許せない、というものだ。むしろ取締役に選任されるべきは松下労組の委員長のほうである、と主張したのである。役員人事に対する労組の不当介入と批判されても仕方がないものだが、それはさておき、松下労組は創業者の松下幸之助を巻き込んで委員長の取締役選任を山下にゴリ押ししたのだった。

しかし山下は、創業者の依頼で労組委員長の取締役選任は呑んだものの、佐久間の取締役候補は撤回しなかった。

私は後日、相談役に退いていた山下に労組と対立してまでも佐久間を取締役に選任したいと考えた理由を尋ねたことがある。組合活動で会社に睨まれ、出世コースからも外れ、同期と比べても部長になるのが四、五年遅いほど人事評価が低い人間を、どうして取締役に選任したのですか、と。

山下の返事は明快だった。

「私は出来るだけ、そういうことを経験したほうがいいと思うんです。とくに失敗の経験のほうが、重要だと思います。そういう経験をしないで(組織や人の)上に立ちますとね、やはり間違えるんです。そういう経験をしますと、他人の心の痛みが分かるんです。私は、人の上に立つには他人の心の痛みが分かることが非常に大切だと考えています。でなければ、人は動きませんし、組織がダメになってしまいます。その意味では、佐久間君が組合活動に関係したことはマイナスだとは思っていません」

受け継がれなかった山下革命

山下は「他人の心の痛みが分かる」ことが、組織や人の上に立ったとき、間違いを犯さないための要諦だと指摘する。しかし山下の指摘を理解し、引き継いでいくことはきわめて難しい。

山下俊彦の松下改革は、別名「山下革命」と呼ばれるほど革新的で、かつ先進的なものであった。山下は総合家電メーカーである松下電器の繁栄がアナログ技術に支えられた製品群によるものであることに強い危機感を覚え、アナログからデジタルへ移りつつあった当時、いち早くデジタルへ舵を切る方針を打ち出す。それが、中期三カ年経営計画で「アクション61」と呼ばれるものである。

目指す企業像は「総合エレクトロニクス・メーカー」で、山下は「ＮＥＣ（日本電気）にライバルと呼ばれたい」と語り、いまでいう「ＩＴ化」に取り組んだ。この取り組みの早さこそが、松下電器の半導体技術やコンピュータ関連技術の先進性を担保しているものである。

しかし残念なことに、山下の「個」を尊重する経営もアクション61の目的も後継社長たちに引き継がれることはなかった。その後、松下電器は巨額な最終赤字に陥り、「経営再建」という棘の道を歩くことになる。つまり、一度の山下革命では松下電器の体質を完全には変えられなかったのである。

たしかに、山下の指摘は正しい。しかし現実には、企業（社会）だけでなく社会の至るところで「他人の心の痛み」が分からないが故に生じる「過ち」に満ちあふれている。

その原因は、おそらく先の戦争の総括を国民自らの手で行わなかったからである。結果に対して責任を問い、責任を負うことがなければ、誰も反省もしないし、何も変わりようがない。「個」に無条件に、かつ無制限に「全体」への自己犠牲を強いる体質を社会から、国から一掃出来なかったのである。

その意味では、日本は太平洋戦争の「戦火」は止んでも「戦争」それ自体は終わっていないと言えるかも知れない。「戦争」という精神状況は依然続いており、そこに巣くう「個」に「全体」への無制限の自己犠牲を強いる体制は健在なのである。いわば「終わらない戦争」の真っ只中に、私たちは取り残されているのである。

おわりにかえて

「戦争体験と経営者」というテーマは、知人のジャーナリストとの雑談から生まれた。私が取材で偶然聞いた戦争体験の話をしたとき、強い興味を持ったようだった。

彼曰く、

「戦争体験者が加齢とともに次々と亡くなられています。日本とアメリカが戦争をしたことを知らない若い世代が普通にいます。戦争を知らない政治家や経営者などが『戦争も辞さず』みたいな勇ましい発言を繰り返している現在、戦争が私たち国民にいったい何をもたらしたのか、戦争の悲惨さを知らしめる必要があるのではないでしょうか。そんな状況だからこそ、戦争体験者から直接聞いた話を、いま出来るだけ多くの人に伝えることが大切なのではないでしょうか」

まさに正論だとは思ったものの、なかなかその気になれなかった。

というのも、やれ「反戦だ」、やれ「平和だ」といったイデオロギー的なものが何よりも苦手だったからだ。イデオロギーに染まると、得てして視野が狭くなり、物事の本質が見えにくくなる。プロパガンダならともかく「作品」としては成立しないのではと思えて仕方がなかった。

ところが、世の中がきな臭くなってくると、そうも言っていられなくなる。国会で共謀罪や司法取引を認める刑事訴訟法改正など問題法案が、次々と与党の強引な手法で成立していく様を見せつけられるにつれ、やはり自分でも出来ることは何でもしなければと思い直すようになったのだ。

戦争は、ひと握りの狂信的な好戦家たちによって引き起こされるものではない。程度の差こそあれ、多くの国民が戦争を望んだから始まったのである。なぜ、多くの国民が戦争を望むのか。それは、貧しさからだ。貧しさがひどくなればなるほど、それから逃れるために他国や他者を傷つけることを躊躇わなくなるものだ。その意味では、人間はとても弱い生き物である。つい自分さえ良ければ、他人はどうなってもいいと得心してしまう。

先の戦争も、昭和恐慌に象徴される大不況が日本を襲い、多くの国民が貧困に喘ぎ、そこから抜け出そうとして軍部主導とはいえ、多くの国民が他国への侵略を支持した結果、起きたものである。

地方の農村では、わが娘を売って生活の糧を得るしかないほど貧しい農民で溢れたし、都会では失業者たちが路頭に迷っていた。だから、他国への侵略が悪いと分かっていても、好戦家たちの煽りに負けて、それを支持するのである。中国への侵略では、日本政府は中国東北部に「満州国」という傀儡政権を打ち立て、獲得した領土に日本から開拓団を入植させた。ほとんどの開拓団は貧しい農民で構成されていた。彼らは満州という新しい土地での成功に自分の未来を賭けていた。開拓すれば、その土地は自分のものになったからだ。日本から遠く離れていても、そこには未来があった。

さらに、開墾の成功話は郷里やその周辺にも伝わり、多くの貧しい日本人は希望して満州へ入植し、開墾に希望を見出そうとした。どんな希望であれ、希望である限り、人間に生きる勇気を与えるものだ。

現在の日本社会は、長引くデフレで実質賃金は下がる一方で、しかも社会的格差は拡大の一途を辿るばかりである。現在、労働者の約四割が非正規雇用で占められるようになっている。雇用側にすれば、いつでもクビを簡単に切れる使い勝手のいい仕組みである。

多くの国民は、暮らしにくさを実感している。しかしその原因の多くは、賃金が上がるどころか目減りしていることにある。率直に言えば、多くの国民が貧しくなっているのである。そしてごく一部の豊かな人たちがさらに豊かになる仕組みの中で、多くの貧しい国民は暮らすことを強いられている。それが、いまの日本社会の現実である。

そこからどうやって抜け出すのか——その方法を冷静に考えたとき、最初に「戦争」を排除するコンセンサスが私たち国民の中にあることが大切だと思う。

ところが、現実には「嫌韓」「嫌中」の書籍がベストセラーになるように、日本国内に好戦的な雰囲気が広がりつつある。たとえば、いま日本が攻撃されたらどうする、侵略されたらどうする。憲法九条がある限り、自分の国を守れないといった自衛隊の武装強化を主張する人たちも多い。

しかしここで少し冷静になれば、我が国が他国から侵略される危機に襲われたのは「元寇」くらいなもので、日本が侵略したケースのほうがはるかに多い。また、侵略されるのではないかと恐怖感を持つのは、むしろ圧倒的に相手国の国民のほうが多いのではないだろうか。

しかも戦争が始まれば、核戦争になる現代にあって、攻めてくるもなにもボタンひとつで世の中が終わるという危機感を持つべきではないか、と思う。

それゆえ、戦うことを前提にするのではなく、むしろ戦わないこと、戦争以外の解決の道を探ることのほうがはるかに私たち国民の利益になるのではないだろうか。そしてそのためには、戦争の本質、残酷さを多くの国民に知ってもらうことである。それには、戦争体験者の証言、生の声を知ることがもっとも大切である。彼らの声に耳を傾けることで、国民が「戦争を望まない」一大勢力になることである。

ならば、私が聞いた戦争体験を伝えることも十分に意味があることではないか、と思い至ったのである。そのさい、私は理屈ではなく戦地でいったい何が起きていたのか——その現実を出来る限り再現することに努めたいと思った。

多くの国民は、たしかに貧しい。

しかし心まで貧しくしてはいけない。

《追　記》

編集部から、第三章で取り上げたワコール創業者の塚本幸一氏が日本会議の初代会長を務めていたことを指摘された。要するに、本書の趣旨に相応しい人物なのか疑義を呈されたわけである。私は人を評価するさい、イデオロギーや思想信条、あるいはどのような組織に所属していたかなどをほとんど考慮しない。私にとって、重要なのは「何を行い、何を行わなかったか」という行動だけである。

塚本氏が日本会議の会長を務めたのは、一九九七年からの一年間である。私が取材を始めたのは一九九〇年頃からで、一九九五年頃まで続いた。なので、塚本氏との取材で日本会議が話題にのぼることはなかった。しかも現在のように、日本会議が「政治的な」側面を強く持つ組織であることはまだ周知の事実でなかった。

もともと塚本氏が神がかり的な一面を持っていること、宗教に深い関心を寄せていることは本人も認めるところだし、周囲の人たちにも隠すようなことはなかった。私にも、科学では解明できない「何か」を探求するため、自分と同じような神がかり的な面を持つ数人と集まって定期的な会合を持っていると話している。そのとき私は、「生かされている」人生の意味を塚本氏は問い続けているのだなと思った。

その後、神道や仏教系の人たちの集まりである「日本を守る会」が日本会議に統合され、初代会長に就任したことを知ったとき、あくまでも宗教的な色彩の延長線上の判断ではないかと推測した。すでに故人なので、日本会議の会長に就任した経緯等を改めて訊くことは叶わない。いずれにしても、塚本氏が日本会議の会長だったことで、私の彼に対する評価が変わることはない。塚本氏の戦争体験も女性を美しくしたいと願って始めたファンデーション事業も、そしてワコールで築いた「信頼の経営」も事実だからだ。

立石泰則

1950年北九州市生まれ．ノンフィクション作家，ジャーナリスト．中央大学大学院法学研究科修士課程修了．経済誌編集者，週刊誌記者等を経て，88年に独立．『覇者の誤算　日米コンピュータ戦争の40年』(日本経済新聞社)により第15回講談社ノンフィクション賞を受賞．『魔術師　三原脩と西鉄ライオンズ』(文藝春秋)により第10回ミズノスポーツライター賞最優秀賞を受賞．

『復讐する神話　松下幸之助の昭和史』(文藝春秋)，『さよなら！　僕らのソニー』，『松下幸之助の憂鬱』，『君がいる場所、そこがソニーだ』(以上，文春新書)，『働くこと、生きること』(草思社)，『日本企業が社員に「希望」を与えた時代』(七つ森書館)など，著作多数．

戦争体験と経営者　　岩波新書(新赤版)1728

2018年7月20日　第1刷発行

著　者　立石泰則《たていしやすのり》

発行者　岡本　厚

発行所　株式会社 岩波書店
〒101-8002 東京都千代田区一ツ橋 2-5-5
案内 03-5210-4000　営業部 03-5210-4111
http://www.iwanami.co.jp/

新書編集部 03-5210-4054
http://www.iwanamishinsho.com/

印刷・理想社　カバー・半七印刷　製本・中永製本

ISBN 978-4-00-431728-9　　Printed in Japan

岩波新書新赤版一〇〇〇点に際して

ひとつの時代が終わったと言われて久しい。だが、その先にいかなる時代を展望するのか、私たちはその輪郭すら描きえていない。二〇世紀から持ち越した課題の多くは、未だ解決の緒を見つけることのできないままであり、二一世紀が新たに招きよせた問題も少なくない。グローバル資本主義の浸透、憎悪の連鎖、暴力の応酬——世界は混沌として深い不安の只中にある。

現代社会においては変化が常態となり、速さと新しさに絶対的な価値が与えられた。消費社会の深化と情報技術の革命は、種々の境界を無くし、人々の生活やコミュニケーションの様式を根底から変容させてきた。ライフスタイルは多様化し、一面では個人の生き方をそれぞれが選びとる時代が始まっている。同時に、新たな格差が生まれ、様々な次元での亀裂や分断が深まっている。社会や歴史に対する意識が揺らぎ、普遍的な理念に対する根本的な懐疑や、現実を変えることへの無力感がひそかに根を張りつつある。そして生きることに誰もが困難を覚える時代が到来している。

しかし、日常生活のそれぞれの場で、自由と民主主義を獲得し実践することを通じて、私たち自身がそうした閉塞を乗り超え、希望の時代の幕開けを告げてゆくことは不可能ではあるまい。そのために、いま求められていること——それは、個と個の間で開かれた対話を積み重ねながら、人間らしく生きることの条件について一人ひとりが粘り強く思考することではないか。その営みの糧となるものが、教養に外ならないと私たちは考える。歴史とは何か、よく生きるとはいかなることか、世界そして人間はどこへ向かうべきなのか——こうした根源的な問いとの格闘が、文化と知の厚みを作り出し、個人と社会を支える基盤としての教養となった。まさにそのような教養への道案内こそ、岩波新書が創刊以来、追求してきたことである。

岩波新書は、日中戦争下の一九三八年一一月に赤版として創刊された。創刊の辞は、道義の精神に則らない日本の行動を憂慮し、批判的精神と良心的行動の欠如を戒めつつ、現代人の現代的教養を刊行の目的とする、と謳っている。以後、青版、黄版、新赤版と装いを改めながら、合計二五〇〇点余りを世に問うてきた。そして、いままた新赤版が一〇〇〇点を迎えたのを機に、人間の理性と良心への信頼を再確認し、それに裏打ちされた文化を培っていく決意を込めて、新しい装丁のもとに再出発したいと思う。一冊一冊から吹き出す新風が一人でも多くの読者の許に届くこと、そして希望ある時代への想像力を豊かにかき立てることを切に願う。

（二〇〇六年四月）